ÉPIMÉNIDE DE CRÈTE

ÉPIMÉNIDE DE CRÈTE

Hubert DEMOULIN

ARNO PRESS
A New York Times Company
New York • 1979

Publisher's Note: This book has been reproduced from the best available copy.

Editorial Supervision: MARIE STARECK

————

Reprint Edition 1979 by Arno Press Inc.

Reprinted from a copy in The University of Illinois
       Library

MORALS AND LAW IN ANCIENT GREECE
ISBN for complete set: 0-405-11529-6
See last pages of this volume for titles.

Manufactured in the United States of America

————

Library of Congress Cataloging in Publication Data

Demoulin, Hubert.
   Épiménide de Crète.

   (Morals and law in ancient Greece)
   Reprint of the 1901 ed. published by Office de
publicité, Brussels, which was issued as fasc. 12 of
Bibliothèque de la Faculté de philosophie et lettres
de l'Université de Liège.
    1. Epimenides. 2. Greece--History--To 146 B.C.
3. Athens--History--Rebellion of Cylon, ca. 632 B.C.
4. Miracle workers--Greece--Biography. I. Title.
II. Series. III. Series: Bibliothèque de la Faculté
de philosophie et lettres de l'Université de Liège ;
fasc. 12.
DF224.E7D4 1979   938'.02'0924 [B]   78-19344
ISBN 0-405-11539-3

BIBLIOTHÈQUE

DE LA

FACULTÉ DE PHILOSOPHIE ET LETTRES

DE L'UNIVERSITÉ DE LIÈGE.

LIÈGE

IMPRIMERIE H. VAILLANT-CARMANNE

8, rue St-Adalbert.

BIBLIOTHÈQUE

DE LA

FACULTÉ

DE

PHILOSOPHIE & LETTRES

DE

L'UNIVERSITÉ DE LIÈGE

FASCICULE XII

ÉPIMÉNIDE DE CRÈTE

PAR

Hubert DEMOULIN

Docteur en philosophie et lettres

BRUXELLES

OFFICE DE PUBLICITÉ | SOCIÉTÉ BELGE DE LIBRAIRIE

46, RUE DE LA MADELEINE | RUE TREURENBERG, 16

1901

À

Monsieur Charles MICHEL

PROFESSEUR À L'UNIVERSITÉ DE LIÈGE

HOMMAGE DE RECONNAISSANCE.

INTRODUCTION

L'imagination des peuples jeunes aime les récits étranges et extraordinaires ; elle semble accorder au merveilleux qui la charme, la même créance qu'à la réalité. De là ces nombreuses légendes qui ont été rattachées aux hommes célèbres et ont obscurci leur histoire. Aux actions réelles d'un personnage, l'imagination populaire a mêlé des fictions qui ont effacé presque entièrement le souvenir de la vérité.

Il arrive pareillement que les conceptions religieuses et morales d'époques différentes sont données comme les créations d'hommes remarquables, qui se trouvent alors représenter moins l'esprit de leur temps que celui des siècles postérieurs qui ont refait et enrichi leur histoire. Ce fut le cas pour le personnage dont nous voulons étudier particulièrement la vie dans ce travail.

A la fois purificateur et thaumaturge, prophète et réformateur religieux, Épiménide de Crète est un des représentants les plus caractéristiques des idées morales qui remplissent le monde grec à la fin du VIIe et au commencement du VIe siècle avant notre ère. Mais l'époque qui

suivit, subissant l'influence de doctrines religieuses et
philosophiques nouvelles, lui attribua des qualités qui lui
étaient originairement étrangères. La légende, favorisée
par la vénération dont jouissait le prêtre crétois, prit plus
d'extension, grâce au courant de mysticisme qui se déve-
loppe en Grèce au VIe siècle.

Incapables de faire la lumière sur l'histoire d'Épiménide,
les biographes anciens, séparés de lui par un intervalle de
plusieurs siècles, se sont surtout attachés à rapporter les
événements fabuleux auxquels les traditions orales le
mêlaient. Si l'on excepte quelques phrases de Plutarque,
dans la *Vie de Solon,* c. 12, et la notice de Diogène Laërce
(I, 10), l'antiquité ne nous a transmis sur Épiménide que
des renseignements épars et souvent contradictoires. La
critique moderne a dû remédier à leur insuffisance, en
s'efforçant de découvrir ce qu'il y avait d'historique sous
ces fables.

Les savants antérieurs au XIXe siècle n'ont guère traité
le sujet qu'incidemment, en commentant les auteurs anciens
et en s'occupant de chronologie ou d'antiquités religieuses [1].
FABRICIUS, en réunissant la plupart des textes où il était
question d'Épiménide, facilita les recherches [2]. Néanmoins il s'écoula encore près d'un siècle avant que parût
une étude générale du sujet : le travail de C. F. HEINRICH,

---

[1] Pour la bibliographie antérieure à 1877, voir C. SCHULTESS,
De Epimenide Crete, Bonn, 1877, diss., pp. 15 s.

[2] FABRICIUS, *Bibliotheca graeca*, 2de éd. (1790), I, pp. 30 s.

Epimenides aus Kreta, Leipzig, 1801, méritoire pour
l'époque, présente de nombreuses lacunes et des interprétations erronées. Les progrès accomplis par la science de
l'antiquité grâce aux travaux de Lobeck, d'Otfried Müller,
de Preller, de Curtius et d'autres sur la religion,
la mythologie et l'histoire grecques, rendaient une nouvelle étude nécessaire : la question fut reprise en 1877
par Carl Schultess, dans une dissertation inaugurale, à
laquelle l'Allemagne savante a fait bon accueil, mais qui ne
laisse pas d'être incomplète [1]. Autant les jugements de
Heinrich sont parfois téméraires, autant les opinions de
Schultess sont prudentes et pleines de réserve : il n'admet
comme absolument historique que l'arrivée d'Épiménide à
Athènes après le sacrilège cylonien.

Malgré ces recherches, le désaccord continue à subsister
entre les savants sur le caractère et l'époque du personnage. Les uns, invoquant l'incertitude et le caractère fabuleux de la tradition, ont effacé Épiménide du nombre des
figures historiques [2]. " Quelle réalité attribuer, en effet, à

[1] U(Sener) dans le *Philologischer Anzeiger*, IX (1879),
pp. 261 ss. — Nous ne citerons que pour mémoire le travail de
G. Barone, *Epimenide di Creta*, Naples, de Angelis, 1880;
l'auteur s'inspire surtout du travail de Heinrich et ne connaît
pas la dissertation de C. Schultess. Voir le compte rendu que ce
dernier en a donné dans la *Philolog. Rundschau*, I, pp. 397-402.

[2] B. Niese, *Historische Untersuchungen Arnold Schaefer...
gewidmet*, Bonn, 1882, pp. 12-15. — J. Tœpffer, *Attischc
Genealogie*, Berlin, 1889, pp. 136-145. — Bouché-Leclercq,
Histoire de la divination dans l'antiquité, Paris, II (1880), p. 99.
— Cf. p. 4 n. 3.

un homme qui vit deux ou trois siècles, et qui passe
cinquante ans à dormir ? „ Les autres le regardent comme
un purificateur célèbre dont le caractère originel a été de
bonne heure effacé par la légende. Parmi eux, quelques-uns
ont admis la donnée de Platon (*Lois*, I, 642 D), d'après
laquelle Épiménide serait venu à Athènes dix ans avant
les guerres médiques [1]; mais la plupart, conformément à
la tradition généralement suivie dans l'antiquité, ont
placé cet événement un siècle plus tôt [2]. Jusqu'en
1890, cette dernière opinion ne pouvait invoquer que
des témoignages postérieurs à l'époque alexandrine. La
découverte de la *République des Athéniens* d'Aristote a
permis d'en confirmer l'exactitude, en même temps qu'elle
démontrait le caractère historique d'Épiménide. Plusieurs
savants ont néanmoins continué à soutenir que le purificateur d'Athènes est un personnage mythique [3]. D'autres,
acceptant comme réelle l'existence d'Épiménide, ne sont

[1] G. LŒSCHCKE, *De Pausaniae descriptione urbis Athenarum
quaestiones*, Dorpat, 1883, pp. 23 ss. — L'opinion de LŒSCHCKE
a été admise par C. ROBERT, dans PRELLER, *Griechische Mythologie*, I[4], p. 146 n. 1, par OTTO KERN, *De Orphei, Epimenidis,
Pherecydis theogoniis*, Berlin, 1888, p. 80, par G. FOUGÈRES,
Mantinée et l'Arcadie orientale, Paris, 1898, p. 327 et par G. DE
SANCTIS, Ἀτθίς, *storia della Repubblica Ateniese dalle Origini alle
riforme di Clistene*, Rome, 1898, p. 281.

[2] E. CURTIUS, *Griechische Geschichte*, I[6] (1887), pp. 310 s. —
Cf. *Stadtgeschichte von Athen*, 1891, pp. 63 s. — M. DUNCKER,
Geschichte des Alterthums, VI (1882) p. 148 n. 3 (à la fin).

[3] WILAMOWITZ, *Euripides' Hippolytos*, Berlin, 1891, pp. 224,
243 s. — E. MEYER, *Geschichte des Alterthums*, Stuttgart, II
(1893), § 400 n. et 460 n.

pas d'accord sur le moment de son intervention en Attique [1].

En présence de divergences aussi prononcées, nous avons cru, malgré l'obscurité qui enveloppera toujours l'histoire d'un personnage semblable, qu'une étude fondée avant tout sur l'examen des sources ne serait pas sans utilité.

Dans la première partie de ce travail, nous tâcherons d'établir autant que possible l'ancienneté et la valeur des différentes traditions. Après avoir ainsi déterminé les détails qui ont été introduits postérieurement dans la vie d'Épiménide, nous pourrons, dans la seconde partie, exposer l'idée générale que l'on peut se faire du prêtre crétois, en quoi cette figure particulière appartient à la légende et par quels faits elle se rattache à l'histoire.

---

[1] F. G. KENYON, Ἀθηναίων πολιτεία, 2ᵈᵉ édit., Londres, 1891, chap. 1, n., maintient la date de 596 (olymp. 46, *Euseb. Chronic.* éd. SCHOENE, II, pp. 92 s.) — H. DIELS, *Ueber Epimenides von Kreta*, dans les *Sitzungsberichte der Berliner Akademie*, 1891 (pp. 387-403), p. 388 n. 1, fixe l'événement à la fin du VIIᵉ siècle. — J. H. WRIGHT, *The date of Cylon* (*Harvard Studies*, III, 1892), Boston, Ginn et Cᵒ, p. 70, admet la date de 615. — E. ROHDE, *Psyche*, Fribourg, II² (1898), p. 98 n. 1, est tenté de suivre l'indication de Suidas d'après laquelle Épiménide aurait purifié la cité athénienne vers l'an 604 avant J.-C. — A. BAUER, *Forschungen zu Aristoteles* Ἀθηναίων πολιτεία, Munich, 1891, p. 44, croit qu'Épiménide est venu à Athènes avant la législation de Dracon, c'est-à-dire avant 621.

ÉTUDE PRÉLIMINAIRE

La vie d'Épiménide par Diogène Laërce

Une des tâches les plus ardues de la critique des sources est de rechercher par quels intermédiaires ont passé les multiples renseignements que la compilation de Diogène Laërce renferme sur les philosophes anciens. Sans compter que l'ouvrage est postérieur de plus de deux siècles à notre ère et que son auteur manque de toute méthode scientifique, la plupart des traités qui ont servi à l'élaboration du recueil sont perdus ou ne nous sont parvenus qu'à l'état fragmentaire.

La difficulté du travail, augmentée encore par l'absence d'édition critique [1], n'a pas empêché la formation de plusieurs théories dont l'exclusivisme est le principal défaut. Pour ne pas remonter au delà de 1850, nous ne citerons que l'opinion de F. NIETZSCHE, qui considère les *Vies des philosophes* de Diogène Laërce comme un abrégé de l'ouvrage de Dioclès de Magnésie,

---

[1] Cette lacune sera bientôt comblée par les soins de M. MARTINI. Celui-ci a bien voulu nous communiquer les leçons des principaux manuscrits pour la vie d'Épiménide composée par Diogène Laërce. On trouvera de précieux renseignements sur les manuscrits et les éditions de Diogène Laërce dans la dissertation de M. MARTINI, *Analecta Laertiana*, Leipzig, 1899.

Ἐπιδρομὴ φιλοσόφων (1ᵉʳ s. av. J.-C.), augmenté d'extraits des ouvrages de Favorinus, et celle de M. Maass, qui a fait du recueil intitulé *Recherches sur toute sorte de choses* (Παντοδαπὴ ἰστορία) et des *Mémoires* (Ἀπομνημονεύματα) de ce dernier auteur la source capitale, pour ne pas dire unique de la compilation [1].

On peut remarquer chez ces érudits un esprit de système qui les amène souvent à rechercher pour les faits les plus simples des interprétations compliquées, dans l'unique but de confirmer leur thèse; ils ont aussi le tort de mettre sur la même ligne les différents livres de l'ouvrage de Diogène Laërce, alors que l'auteur qui a servi pour certaines parties peut avoir été entièrement négligé pour d'autres. Ainsi, s'il est reconnu que pour le sixième livre de son ouvrage Diogène a beaucoup emprunté à Dioclès, on ne peut guère pour le reste que formuler des hypothèses, le biographe omettant de citer ses sources ou les désignant vaguement par les mots οἱ μέν, οἱ δέ ou ἄλλοι.

Envisagée dans son ensemble, l'œuvre de Diogène Laërce est une compilation dont les matériaux sont principalement empruntés aux études de biographie et de doxographie de la période alexandrine et même du premier siècle après notre ère [2].

---

[1] F. Nietzsche, *Rhein. Mus.*, XXIII (1868), pp. 632 ss.; XXIV, pp. 181 ss. (voir surtout le chap. IV); XXV, pp. 217 ss. — E. Maass, *De biographis graecis quaestiones selectae* (*Philol. Unters.* III), 1880. Voir aux pages 3-7 de ce travail, l'exposé et la critique des opinions antérieures.

[2] F. Bahnsch, *Quaestionum de Diogenis Laertii fontibus initia*, Gumbinnen, 1868, p. 45. Freudenthal, *Hellenistische Studien*, III, Berlin (1879), p. 315, a réfuté la thèse de Fr. Nietzsche.

Cette multitude de renseignements supposerait une immense somme de travail, si Diogène Laërce n'avait mis à profit les traités de nombreux devanciers. L'ordonnance générale de son Histoire remonte, à travers plusieurs intermédiaires, jusqu'au biographe alexandrin Sotion, auteur d'un grand ouvrage sur la *Succession des philosophes* (Διαδοχή τῶν φιλοσόφων) [1]. Diogène semble avoir pris comme base de son travail une édition remaniée de cette œuvre originale et l'avoir complétée au moyen d'extraits d'études postérieures. L'analogie qu'offrent certaines données anonymes de Diogène avec des renseignements empruntés par Athénée à Nicias de Nicée, un des continuateurs de la tendance inaugurée par Sotion, a permis à M. USENER de supposer que Nicias est l'auteur de la compilation suivie par Diogène Laërce; les ouvrages de Démétrios de Magnésie, de Dioclès et de Favorinus n'auraient servi qu'à le compléter [2].

Cette opinion a pour elle le fait très curieux que Nicias de Nicée n'est pas cité une seule fois dans tout le recueil, alors que nous y trouvons mentionnés plusieurs auteurs d'ouvrages semblables. Mais, comme Diogène Laërce rapporte des renseignements d'écrivains qui sont postérieurs à Nicias et qu'il n'a pas compulsés,

---

[1] V. EGGER, *De fontibus Diogenis Laertii*, Bordeaux, 1880. — SUSEMIHL, *Gesch. der griech. Litteratur in der Alexandr. Zeit*, Leipzig, I, 1891, pp. 496 s. Cf. H. DIELS, *Doxographi graeci* 1879, Berlin, p. 147.

[2] USENER, *Epicurea*, Leipzig, 1887, pp. XXII-XXXVII; id., *Die Unterlage des Laertius Diogenes (Sitzungsber. der Berl. Ak.* 1892), pp. 1023 s., approuvé par BIDEZ, *Biographie d'Empédocle*, Gand, 1894, p. 2.

il est probable que son modèle est de date plus récente [1].
Au reste, en trouvât-on l'auteur, le problème des sources
de Diogène Laërce serait loin d'être résolu : au lieu de
rechercher à qui il a emprunté ses données, il faudrait
faire semblable étude pour le compilateur qu'il a suivi.

Diogène Laërce n'a compulsé qu'une faible partie des
ouvrages qu'il cite : de six données qu'il emprunte à
Hérodote, une seule concorde avec ce que nous lisons
chez l'historien [2]. On doit donc se méfier de la valeur
des renseignements d'un écrivain qui attribue à ses
auteurs des opinions qui leur sont étrangères. De
semblables erreurs ne sont pas toujours, il faut le dire, le
fait de Diogène Laërce lui-même; elles proviennent
souvent des intermédiaires qui le séparent de sa source;
mais il a eu le tort de ne pas se reporter à l'original, en
admettant qu'il ait toujours pu le faire.

Sous ce rapport, la *Vie d'Épiménide* [3] éclaire singuliè-
rement les procédés du compilateur. On remarque tout
d'abord, dans l'exposé, un manque de suite auquel il eût
été facile de remédier. Comme la plupart des biographies,
elle débute par l'indication de la parenté et de la patrie
du personnage ; l'auteur raconte ensuite le sommeil merveilleux de cinquante-sept ans dans une caverne (§ 109)
et, après avoir traité de la purification d'Athènes et de

[1] WILAMOWITZ, *Homerische Untersuch.*, p. 240, n. 4, prétend
que le modèle de Diogène Laërce est postérieur au règne
d'Hadrien. L'époque de Nicias de Nicée qui n'est cité que chez
Athénée est douteuse. USENER, *l. c.*, p. 1033, le place au premier
siècle de notre ère, tandis que SUSEMIHL, *o. c.*, I, p. 505, semble
le placer au second siècle avant J.-C.

[2] HÉRODOTE, III, 48 = DIOGÈNE LAËRCE, I, 95. Ailleurs
Diogène Laërce tronque ou amplifie les données d'Hérodote.

[3] DIOGÈNE LAËRCE, *Vies des Philosophes*, I, ch. 10, §§ 109-115.

l'âge d'Épiménide (§§ 110, 111), il interrompt (§ 112) l'énumération de ses ouvrages pour rapporter quelques détails entièrement étrangers à ce sujet [1] et donner une explication du sommeil dont il a parlé précédemment. Si Diogène Laërce revient ainsi à un exposé que l'on croyait fini, c'est que son auteur y revenait également ou qu'il utilise une source nouvelle lui permettant de compléter la précédente. Dans l'un comme dans l'autre cas, sa copie a été si servile qu'il ne s'est pas même donné la peine de rapprocher deux données connexes [2].

Cette dispersion de détails, que l'on s'attendrait à voir réunis, montre que Diogène Laërce ou son modèle dépouillait successivement les sources qu'il avait sous la main, complétant l'une par l'autre. L'emploi d'un pareil procédé explique la présence de détails identiques répétés à peu de distance. Si Diogène Laërce mentionne au § 115 la prédiction de la défaite des Lacédémoniens par les Arcadiens, rapportée précédemment (§ 114), c'est qu'il met à profit deux sources différentes ; en ajoutant καθὰ προείρηται, il indique qu'il a remarqué cette répétition, sans avoir cru nécessaire de l'éviter [3].

---

[1] Ces détails sont : la consécration du temple des Euménides, à Athènes ; la purification des maisons et des champs, etc.

[2] Si l'on admet l'opinion de M. USENER, indiquée plus haut (v. p. 9), on pourrait attribuer ce désordre aux copistes ignorants qui, suivant lui, avaient été chargés par Diogène Laërce de l'ordonnance de son manuscrit ; les détails qui interrompent la narration seraient des notes insérées un peu à tort et à travers dans le texte primitif. Cf. BIDEZ, o. c., pp. 2 et 90.

[3] Les deux traditions ne sont pas entièrement semblables ; d'après l'une, la prédiction avait été faite aux Lacédémoniens, d'après l'autre, aux Crétois. Mais il est douteux que cette différence ait décidé Diogène à faire cette répétition. Le texte est

La forme des citations de Diogène Laërce laisserait
croire que la plupart des détails de la monographie sont
empruntés directement à des auteurs de date et de
valeur fort différentes. Mais, nous l'avons dit (page 10),
le compilateur ne lit guère dans l'original les ouvrages
qu'il cite. Aussi, l'ordonnance primitive de la biographie
d'Épiménide n'est pas de Diogène. Nous allons voir
qu'elle a pour auteur le biographe alexandrin Hermippe
de Smyrne [1].

––––––

Avant d'examiner le contenu même de la notice de
Diogène Laërce, nous énumérerons les indices qui permettent d'attribuer à Hermippe sa disposition originale :
1. Vers l'an 200 avant J.-C., Hermippe, un des premiers compilateurs alexandrins, réunit d'une manière
systématique toutes les traditions relatives aux hommes
célèbres. Disposant de la bibliothèque d'Alexandrie, il
remanie et complète les catalogues (πίνακες) de son
maître Callimaque. Il y substitue notamment l'ordre
chronologique à l'ordre des matières, et avec ces données
il compose un recueil de biographies (Βίοι τῶν ἐν παιδείᾳ
διαλαμψάντων [2]). On doit donc s'attendre à trouver chez
lui tout ce que l'on connaissait au troisième siècle avant

d'ailleurs peu sûr; URLICHS, *Rhein. Mus.*,VI (1848) p. 219, lit au
lieu de Κρησί le mot φησί, qui est beaucoup plus naturel.

[1] Voir le tableau à la fin de cette étude préliminaire, p. 33.

[2] LOZYNSKI, *Hermippi Smyrnaei fragmenta*, dissert., Bonn,
1831. — C. WACHSMUTH, *Die pinakographische Thätigkeit des
Kallimachos*, dans le *Philologus*, XVI (1860), pp. 153 ss. —
F. NIETZSCHE, *Rhein. Mus.*, XXIV (1869), pp. 190 s. — SUSEMIHL,
Gesch. d. g. L. i. d. Alex. Zeit, I, p. 492, conteste le titre tradi-
tionnel de l'ouvrage d'Hermippe.

notre ère sur tel ou tel grand homme ; or, nous le verrons, la légende d'Épiménide est achevée à cette époque.

2. Hermippe s'était particulièrement occupé des Sages, personnages dont Épiménide est contemporain ; le traité des Sept Sages (περὶ τῶν ἑπτὰ σοφῶν) formait une partie de son grand ouvrage. Hermippe termine notamment le roman de Solon, considéré dans plusieurs traditions comme l'ami d'Épiménide [1].

3. A notre connaissance, Hermippe est seul à admettre, après Léandros de Milet, les titres d'Épiménide à la qualité de Sage. Hippobotos ne rapportait pas cette tradition [2], et l'opinion des autres compilateurs ne nous est pas connue. On sait que les listes sont fort différentes et que quatre noms seuls figurent dans toutes les énumérations.

4. Enfin Hermippe avait écrit une *Vie d'Épiménide* ; le fait est certain, puisque nous en avons conservé deux fragments, tandis que pour la plupart des autres biographes, on ne peut que le supposer [3].

---

[1] Diogène Laërce cite le περὶ τῶν ἑπτὰ σοφῶν dans les monographies de Thalès, de Chilon, d'Anacharsis, de Myson et de Phérécyde. Cf. WILAMOWITZ, *Antigonos von Karystos*, p. 150, et id., *Hermes*, XXV (1890), *zu Plutarchs Gastmahl der sieben Weisen*, p. 226 et n. 1.

[2] DIOG. LAËRCE, I, 42. G. RŒPER, *Zu Laertios Diogenes*, I, dans le *Philologus* XXX (1870) p. 567 ss., croit qu'Hippobotos avait écrit Ἐπιμενίδην au lieu de Ἐπίχαρμον, nom que l'on ne s'attend pas à rencontrer parmi les Sages. Mais l'explication qu'il donne de cette confusion nous paraît peu probable.

[3] *Fragm. Hist. Graec.*, éd. MÜLLER, III, p 37, fr. 8 (Diog. Laërce I, 42); ibid., p. 40, fr. 18 (Proclus in Hesiod. Opera et Dies v. 41). Cf. SCHULTESS, *o. c.*, pp. 9 s. et *infra*, p. 73.

L'examen du premier livre de la compilation de Diogène, consacré notamment à la biographie des Sept Sages, ne contredit pas notre thèse : les citations d'Hermippe y sont au nombre de sept (I, 8 ; 33, 42 ; 72 ; 101 ; 106 ; 117); pour les trois premières, Diogène Laërce indique le traité d'Hermippe d'où chacune d'elles est tirée. La sixième citation (I, 106) est due à Sosicrate, circonstance qui semble indiquer que Diogène n'a pas consulté l'ouvrage d'Hermippe dans l'original [1].

Des biographes anciens, Hermippe est donc celui qui convient le mieux pour l'attribution du plan primitif de la monographie d'Épiménide conservée chez Diogène Laërce. L'examen de cette dernière confirmera notre opinion et les indices déjà signalés en sa faveur.

———

Diogène Laërce ne cite pas une seule fois le nom d'Hermippe dans le chapitre consacré à Épiménide ; mais des auteurs qu'il mentionne, les uns, tels que Théopompe, ont été mis à profit par le compilateur alexandrin, et les autres qui lui sont postérieurs, tels que Sosicrate, ont très peu ajouté à son recueil. Il est même probable que les détails rapportés par Diogène Laërce d'après ces derniers avaient déjà figuré chez Hermippe.

Théopompe, cité en premier lieu, est l'écrivain à qui

[1] PRINZ, *De Solonis Plutarchei fontibus*, diss., Bonn, 1867, p. 36 : « *Constat Laertium praecipue Hermippum secutum esse, nec vero ipse illius libros legisse videtur, sed Favorinum, Apollodorum, Sosicratem excerpsit, qui ex Hermippo hauserant.* » Cf. F. BAHNSCH, *o. c.*, p. 16. — WILAMOWITZ, *Homer. Unters.*, p. 240, n. 4, croit qu' « entre Hermippe et Diogène Laërce, il y a au moins deux intermédiaires ».

Diogène Laërce semble avoir le plus emprunté pour la *Vie d'Épiménide*. Nous ne le voyons nulle part aussi souvent mentionné.

Au début de la notice, Diogène Laërce indique, d'après Théopompe et d'autres écrivains, l'origine d'Épiménide. Il raconte ensuite son sommeil merveilleux, sans mentionner la source de ce renseignement. Mais un indice montre à toute évidence qu'elle n'a pas changé. Le même récit se retrouve, en effet, chez le paradoxographe Apollonios qui, lui, cite Théopompe, et chez Pline qui a rapporté d'après le même auteur, l'âge d'Épiménide [1].

De plus, la première partie du § 115 est due à Théopompe; Diogène le reconnaît lui-même à deux reprises. Le compilateur n'a cependant pas eu sous les yeux le texte original : c'est ce que BAHNSCH a établi pour la plupart des citations de Théopompe conservées chez Diogène Laërce [2]. L'examen de la *Vie d'Épiménide* nous mènera à la même conclusion.

Pour le premier renseignement, concernant l'origine d'Épiménide, l'accord entre Diogène Laërce et Suidas est à peu près complet, comme le montre le parallélisme suivant :

Diogène Laërce I, 109	Suidas s. v. Ἐπιμενίδης
Ἐπιμενίδης..... πατρὸς μὲν ἦν Φαιστίου · οἱ δὲ Δωσιάδου · οἱ δὲ Ἀγησάρχου · Κρὴς τὸ γένος ἀπὸ Κνωσσοῦ.	Ἐπιμενίδης Φαίστου ἢ Δοσιάδου ἢ Ἀγιασάρχου υἱὸς καὶ μητρὸς Βλάστας, Κρὴς ἀπὸ Κνωσσοῦ.

---

[1] APOLLONIUS, *Historiae mirabiles*, c. 1, éd. KELLER, *Rerum naturalium scriptores graeci minores*, Iᵉʳ vol. (1877) : Θεόπομπος ἐν ταῖς ἱστορίαις ἐπιτρέχων τὰ κατὰ τόπους θαυμάσια. PLINE, *Nat. Hist.*, VII, 48 (154) et 52 (175).

[2] BAHNSCH, *o. c.*, pp. 13 s.

Détail curieux, des deux compilateurs en présence, c'est le dernier en date qui est le plus explicite [1]. Cette circonstance, qui se répète pour de nombreux passages, a permis à F. Nietzsche d'établir qu'Hésychius, l'auteur de Suidas, n'avait pas utilisé l'ouvrage de Diogène Laërce, mais que l'un et l'autre avaient puisé différemment à une source commune [2]. Cette source, Démétrios de Magnésie, comme le croit Nietzsche, ou Favorinus, comme M. Maass tâche de le montrer [3], n'est en tout cas pas antérieure au second siècle avant notre ère. Il est par conséquent admissible qu'elle a servi d'intermédiaire entre Théopompe reproduit par Hermippe et Diogène Laërce. Ce dernier n'a donc pas lu le texte original.

On pourrait en faire la preuve pour les autres citations. Les trois versions capitales du sommeil d'Épiménide, unanimes sur le fond de l'événement, ne sont pas d'accord sur une de ses circonstances. D'après Apollonios, Épiménide s'égara à la tombée de la nuit; suivant Pline, " l'enfant s'assoupit dans une caverne, fatigué par la chaleur et la marche „; Diogène Laërce, enfin, rapporte qu' " Épiménide perdit son chemin vers midi „. Ces divergences, si légères soient-elles, n'en sont pas

---

[1] Casaubon croît qu'il faut introduire dans le texte de Diogène Laërce les mots μητρὸς δὲ Βλάστας, pour que πατρὸς μὲν... ait un terme correspondant (HÜBNER, *Comment. in Diog. I aert.*, I, p. 30).

[2] NIETZSCHE, *Rhein. Mus.*, XXIV (1869) pp. 210-225. W. VOLKMANN, *Quaest. onum de Diogene Laertio cap. I. De Diogene Laertio et Suida*, Breslau, progr., 1890, p. 9.

[3] E. MAASS, *De biographis graecis quaestiones selectae*, p. 87 et pp. 114-119. Cf. WILAMOWITZ, *ibid.*, p. 118 et W. VOLKMANN, *o. c.*, p. 10.

moins caractéristiques: elles prouvent qu'aucun des trois écrivains n'a lu Théopompe dans l'original et qu'ils ont puisé à des sources différentes dérivées de lui. Apollonios emprunte son exposé à Bôlos de Mendès [1]. Cet auteur du troisième siècle avant notre ère avait soigneusement dépouillé les historiens dans le but de former un recueil de récits merveilleux [2]. Or le huitième livre de l'*Histoire philippique*, de Théopompe, était rempli de ces détails extraordinaires; parmi eux figurait la légende du sommeil d'Épiménide. Étant donné le but spécial qu'il poursuivait, il est fort probable que Bôlos a reproduit fidèlement le texte dont il faisait des extraits. Sa version que nous retrouvons chez Apollonios, est donc celle qui représente le mieux le récit de Théopompe. Il suit de là que Diogène, étant en divergence avec Bôlos, ne puise pas directement son exposé chez Théopompe.

Une autre preuve non moins convaincante de ce fait est fournie par le contenu du § 111. Loin de mentionner Théopompe, Diogène Laërce se trouve ici en contradiction avec lui; il rapporte qu'au dire des Crétois, Épiménide vécut deux cent quatre-vingt-dix-neuf ans, tandis que, suivant Bôlos reproduit par Apollonios, Théopompe avait prétendu que les Crétois attribuaient cent cin-

---

[1] C'est ce qu'indique le lemme Βώλου placé au début du traité d'Apollonios. O. KELLER, *l. c.*, en a le premier donné une interprétation exacte.

[2] D'après Suidas, s. v. Βῶλος, l'ouvrage de ce paradoxographe était intitulé περὶ θαυμασίων ou περὶ τῶν ἐκ τῆς ἀναγνώσεως τῶν ἱστοριῶν εἰς ἐπίστασιν ἡμᾶς ἀγόντων. Cf. ODER, *Rhein. Mus.*, XLV (1890), pp. 73 ss.; DIELS, *Epim. von Kreta*, *l. c.*, pp. 393 s.; SUSEMIHL, *o. c.*, I, pp. 482 s. et App. n. 128; WELLMANN, dans PAULY-WISSOWA, *Real Encyclop.*, s. v. *Bolos*.

quante ans à leur compatriote [1]. Ici encore Diogène Laërce n'a pas lu le texte original [2].

Enfin au § 115, Diogène Laërce rapporte, d'après Théopompe, qu'Épiménide était devenu vieux en autant de jours qu'il avait dormi d'années; ce détail, que nous lisons aussi chez Pline (N. H., VII, 52), avait sa place indiquée à l'endroit de la monographie où il était question du sommeil d'Épiménide (§ 109) ou de sa mort (§ 111); si le biographe ne l'a pas mentionné alors, c'est qu'il n'a pas compulsé l'ouvrage de Théopompe et qu'il le connaît grâce à un nouvel auteur [3].

Il est difficile d'établir d'une manière certaine la série des écrivains qui se sont transmis le récit de Théopompe depuis le quatrième siècle avant notre ère jusqu'au troisième après J.-C.

1. Une des étapes de la tradition fut marquée, semble-t-il, par l'édition des θαυμάσια de Théopompe, recueil de fables empruntées surtout au huitième livre de son *Histoire philippique* [4]. Ces légendes formaient une des longues digressions dont l'historien était coutumier. Il est peu probable qu'il les ait lui-même extraites de son ouvrage; en tout cas, la collection

[1] MÜLLER, *Fragm. Hist. Graec.*, I, p. 288, fr. 69 et n. Il faut peut-être corriger, avec les éditeurs, 150 en 157. Cf. PLINE, *Nat. Hist.*, VII, 48 (154) et VALÈRE MAXIME, *Facta et dicta memorabilia*, VII, 13, 5.

[2] Il faut toutefois remarquer que le renseignement de Diogène Laërce paraît plus conforme au caractère général de la légende; il est assez vraisemblable, en effet, que les Crétois aient exagéré la longévité réelle d'Épiménide.

[3] Cf. *supra*, p. 11. BAHNSCH, *o. c.*, pp. 13 s. et 24.

[4] *Paradoxographi graeci*, éd. WESTERMANN, Brunswick, 1843, pp. L ss. — MÜLLER, *Fragm. Hist. Graec.*, I, p. LXX et 288.

est antérieure au second siècle avant notre ère, puisque
Apollonios qui la cite dans ses *Histoires merveilleuses*
(chap. 10), n'a pas utilisé de source postérieure à ce
siècle [1]. Elle appartient à un genre littéraire nouveau
consistant à rechercher chez les anciens écrivains les
légendes peu connues et les récits les plus extraordinaires. Introduite par Callimaque et Bôlos, continuée
par plusieurs écrivains de la période alexandrine, cette
tendance fut préjudiciable à l'histoire. Les anecdotes
refoulèrent dans l'ombre les traditions véridiques et
donnèrent notamment à la biographie des philosophes
le caractère que nous retrouvons dans la compilation de
Diogène Laërce : désormais les auteurs vont recourir aux
recueils de récits merveilleux pour suppléer à la séche-
resse des données historiques.

2. La collection des θαυμάσια de Théopompe date de
la même époque que la compilation d'Hermippe ; on peut
affirmer que ce dernier lisait encore Théopompe dans
l'original. Nous ne retrouvons cependant sous le nom
d'Hermippe aucun des détails que Diogène rapporte
d'après Théopompe ; mais comme ceux-ci ne sont pas cités
par Diogène sous une autre autorité que celle de Théopompe, rien n'empêche de considérer Hermippe comme
un des nombreux intermédiaires qui séparent le compilateur de l'historien du quatrième siècle [2]. Nous
croyons même pouvoir montrer qu'Hermippe a lu le
huitième livre de l'*Histoire philippique*. Dans son introduction (I, § 8), Diogène écrit : φησὶ δὲ τοῦτο καὶ Ἕρμιππος

---

[1] Susemihl, *Gesch. d. g. L. i. d. alex. Zeit*, I, pp. 478 ss.
Wilamowitz, *Antig. v. Karyst*, p. 25.

[2] Apollonios et Pline ne citent pas d'autre source que Théopompe. Cf. *supra*, p. 15.

ἐν τῷ πρώτῳ περὶ Μάγων καὶ Εὔδοξος ἐν τῇ Περιόδῳ καὶ Θεόπομπος ἐν τῇ ὀγδόῃ τῶν Φιλιππικῶν. Comme Hermippe est le plus récent des trois auteurs cités, c'est à lui que Diogène Laërce, ou plutôt son auteur, emprunte les autres indications. Le procédé est conforme aux habitudes des compilateurs : ils font croire à leurs lecteurs qu'ils ont dépouillé plusieurs auteurs, alors qu'ils n'en ont compulsé qu'un. Hermippe avait lu le huitième livre de l'ouvrage de Théopompe et y avait trouvé les détails que nous lisons chez Diogène.

3. Entre Hermippe et Diogène Laërce, il y a eu plusieurs intermédiaires. Les auteurs de *Successions des philosophes* (Διαδοχαὶ τῶν φιλοσόφων), qui avaient inséré une *Vie d'Épiménide* dans leurs ouvrages, se bornent à répéter les données d'Hermippe, en y ajoutant fort peu de chose. Il n'ont guère complété l'ouvrage de celui-ci que pour la biographie des personnages postérieurs. Nous signalerons parmi eux Démétrios de Magnésie et Phlégon de Tralles, les écrivains les plus récents qui soient cités dans la monographie. Diogène a mis leurs ouvrages à profit : il mentionne le premier à deux reprises (1, 112 et 114), tandis qu'il ne rapporte, d'après le second, que l'âge d'Épiménide (I, 111). Cette différence tient au caractère même de ces deux sources. Dans son traité *Sur les poètes et les prosateurs homonymes* (περὶ ὁμωνύμων ποιητῶν καὶ συγγραφέων), Démétrios avait consacré un chapitre aux écrits d'Épiménide [1]. Le but spécial de son travail, qui était de parer aux inconvénients de l'homonymie en littérature, ne lui permettait pas de traiter à fond la partie biographique. Cependant,

---

[1] Diogène Laërce lui-même nous le dit (I, 112).

à en juger par le détail particulier que Diogène Laërce
(I, 114) nous rapporte d'après elle, la notice de Démétrios
devait renfermer des données assez nombreuses de la
légende d'Épiménide, empruntées à la compilation
d'Hermippe [1].

On ne peut en dire autant du traité de Phlégon de
Tralles intitulé : *De ceux qui ont vécu longtemps* (περὶ
μακροβίων) [2]. Cette liste de noms répartis en catégories
n'avait pu fournir au compilateur d'autres renseignements que celui qu'il nous a laissé : d'après Phlégon,
Épiménide vécut cent cinquante-sept ans. Ce chiffre est
d'accord avec la citation de Théopompe, que nous trouvons chez Pline et chez Valère Maxime; la donnée de
Phlégon dérive donc vraisemblablement de Théopompe.
Mais il est douteux que ce soit par l'intermédiaire
d'Hermippe; car dans son *Recueil de prodiges* (θαυμασίων
συναγωγή), Phlégon cite les *Histoires merveilleuses*
d'Apollonios [3]. Or ce dernier mentionnait l'opinion de
Théopompe. Nous pouvons donc considérer Apollonios
comme la source de Phlégon.

Diogène Laërce compulse-t-il cet ouvrage de Phlégon,
qui n'est antérieur que d'un siècle à son époque ? C'est
peu probable; car il ne le cite qu'ici, alors qu'il aurait
eu d'autres occasions de le faire [1]. Il en doit sans doute
la connaissance à Favorinus.

[1] NIETZSCHE, *Rhein. Mus.*, XXIV (1869), pp. 185 s. — WILA-
MOWITZ, *Antig. v. Kar.*, p. 327, n. 7.

[2] MÜLLER, *Fragm. Hist. Graec.*, III, pp 602-624.

[3] WESTERMANN, *Paradoxographi graeci*, p. 136, l. 12. Cf.
MÜLLER, *l. c.*

[4] Pour l'âge de Démocrite, Diogène Laërce (IX, 39) n'indique
pas de chiffre certain, alors que Phlégon attribue cent quatre ans

Diogène n'a pu rien tirer non plus du *Recueil de prodiges* de Phlégon. Au premier chapitre de ce traité, il était question d'une légende analogue à celle du long sommeil d'Épiménide; mais cette dernière n'y est pas racontée, bien qu'elle y eût été de mise.

En résumé, pour la transmission des données merveilleuses que Théopompe rapportait à propos d'Épiménide, on peut reconnaître deux courants parallèles: d'une part, les auteurs de biographies tels qu'Hermippe et Démétrios de Magnésie; d'autre part, les paradoxographes, tels que Bôlos de Mendès et Apollonios.

Après avoir raconté le sommeil d'Épiménide, Diogène Laërce rapporte l'épisode le plus important de sa vie, la purification d'Athènes : au commencement du VIe siècle (ol. 46 = 596 avant J.-C.), la ville, affligée de la peste, réclame l'intervention du prêtre crétois qui fait cesser la contagion par différentes cérémonies expiatoires (I, §§ 110 s.).

Diogène ne cite pas la source à laquelle il emprunte son récit. Mais rien ne nous empêche de croire que c'est toujours Théopompe [1]. En effet, nous ne savons pas d'ailleurs que celui-ci eût rapporté de cet événement

au philosophe (v. MÜLLER, *Fr. Hist. Graec*, III, p. 609). Cf. BAHNSCH, *o. c.*, p. 52. Il n'y a cependant pas contradiction entre les deux données puisque Diogène reconnaît que Démocrite vécut plus de cent ans.

[1] LOESCHCKE, *De Pausaniae descriptione...* p. 24, place l'arrivée d'Épiménide à Athènes vers l'an 500 et considère la date de la 46e olympiade comme une addition de Diogène Laërce, ou d'une de ses sources immédiates, au récit de Théopompe. Cf. *supra*, p. 4, n. 1.

une version différente [1]. La seule difficulté est que
Théopompe attribuerait ainsi à l'apparition de la peste
la visite d'Épiménide, tandis qu'Aristote, au début de la
République des Athéniens, considère le sacrilège cylonien comme la cause de son intervention. Nous nous
attendrions à trouver chez ces deux auteurs contemporains une tradition commune. Peut-être faut-il voir
dans ce détail de Diogène Laërce, confirmé seulement par Maxime de Tyr [2], une addition due au souvenir
d'événements postérieurs ou empruntés à la légende
d'autres thaumaturges ? Aucun écrivain antérieur à
notre ère ne nous dit, en effet, que la peste ait éclaté à
Athènes vers la fin du VIIᵉ siècle. Il est possible cependant qu'un fléau de ce genre ait sévi alors en Attique et
que les esprits timorés l'aient considéré comme un châtiment des divinités outragées par le sacrilège cylonien et
comme un avertissement d'avoir à l'expier. D'ailleurs la
nature des détails de la purification, la mention des
autels anonymes et, en général, des rites de l'expiation
sont bien dans le caractère des anciennes chroniques
(Ἀτθίδες), comme Théopompe en utilisait pour l'histoire
de la cité athénienne.

Hermippe est-il encore ici un intermédiaire entre
l'historien et Diogène ? C'est probable, bien qu'il y ait
eu de l'un à l'autre des altérations; car le compilateur

---

[1] Apollonios et Pline qui copient Théopompe n'y font pas
allusion, parce que cette histoire de la purification d'Athènes ne
pouvait figurer dans leur récit : le premier l'a omise dans un
recueil consacré au merveilleux, et chez le second elle eût formé
une incidente au milieu d'un chapitre où il n'est question que de
morts apparentes.

[2] MAXIME DE TYR, éd. DÜBNER (Didot) diss. XXXVIII, 3 : τὴν
Ἀθηναίων πόλιν κακουμένην λοιμῷ καὶ στάσει διεσώσατο ἐκθυσάμενος.

alexandrin avait plutôt suivi l'opinion des auteurs qui considéraient le sacrilège cylonien comme la cause de la visite d'Épiménide (I, 110). Hermippe a sans doute connu aussi la tradition qui rapportait le sacrifice de Cratinos et de Ctésibios, puisque Néanthe de Cyzique qui la mentionne est antérieur à Hermippe [1].

Diogène Laërce (I, 111) achève le récit de la purification en disant qu'Épiménide refusa l'argent que lui offraient les Athéniens et qu'une alliance fut conclue entre Cnosse et Athènes. Reprend-il, pour ces deux détails, la tradition de Théopompe, ou continue-t-il à suivre les écrivains qui parlaient du sacrilège cylonien? M. Lœschcke admet la première hypothèse, tandis que M. Diels préfère la seconde [2]. Dans le récit de Diogène, la mention du sacrilège cylonien et du sacrifice de deux jeunes Athéniens semble former une parenthèse, tandis que le début du § 111 marque la conclusion d'un récit : sous ce rapport, l'opinion de M. Lœschcke est plus vraisemblable. Mais une autre circonstance rend également admissible la supposition de M. Diels : le détail du refus d'argent reparaît chez Plutarque, un des auteurs qui font du massacre des Cylonides la raison de l'arrivée d'Épiménide à Athènes [3].

Quant à la seconde donnée, relative à l'alliance entre la Crète et l'Attique, nous en retrouvons un écho chez Platon [4] ; mais cette concordance ne suffit pas, pour

[1] DIOGÈNE LAËRCE, I, 110. Néanthe, chez ATHÉNÉE, *Deipnos.*, XIII, 602 C., remplace Ctésibios par Aristodème. Cf. *infra*, p. 67.

[2] LŒSCHCKE, *o. c.*, p. 24. DIELS, *Sitzungsber. der Berl. Ak.*, 1891, p. 393.

[3] PLUTARQUE, *Solon*, c. 12, *in fine*.

[4] PLATON, *Lois*, I, 642 D. — BERGK, *Fünf Abhandl. zur Gesch. der griech. Phil. u. Astron.*, p. 76, n. 2, croit que le renseignement de Diogène Laërce remonte à Platon.

admettre avec M. Lœschcke que Théopompe, à supposer
que Diogène Laërce reproduise son opinion, ait connu
le même auteur que Platon pour l'histoire d'Épiménide [1].

———

Après le récit du long sommeil, et après celui de la
purification d'Athènes, la notice de Diogène Laërce
comprend surtout de courtes citations empruntées à des
écrivains d'époques différentes.

Le compilateur énumère d'abord (I, 111) les opinions
relatives à la longévité d'Épiménide ; il rapporte successivement celle de Phlégon, celle des Crétois et celle de
Xénophane de Colophon. Cette dernière était vraisemblablement exprimée au passage où se trouvaient les
attaques de Xénophane contre le prêtre crétois [2].
Mais on ne peut croire que Diogène l'ait copiée dans
l'œuvre même du philosophe, bien qu'il cite des vers de
lui dans sa compilation (VIII, 36 ἐν ἐλεγείᾳ; IX, 72).

La fin du § 111, le début du § 112 et le § 113 sont
consacrés aux ouvrages d'Épiménide. Comme nous nous
proposons d'étudier dans un chapitre spécial [3] les œuvres
que l'antiquité connaissait sous son nom, nous nous
bornerons à faire remarquer ici que l'existence de
quelques-unes d'entre elles est contestée par certains
critiques, et que la plupart des renseignements de
Diogène Laërce, empruntés à l'ouvrage de Démétrios

———

[1] Voir la réfutation de J. TŒPFFER, *Attische Genealogie*,
p. 141 et de DIELS, *l. c.*

[2] DIOGÈNE LAËRCE, IX, § 18 : Ἀντιδοξάσαι τε λέγεται Θαλῇ καὶ
Πυθαγόρᾳ, καθάψασθαι δὲ καὶ Ἐπιμενίδου.

[3] Voir la fin de la seconde partie, pp. 118 ss.

de Magnésie, sont peut-être l'invention du faussaire Lobon d'Argos [1].

L'énumération des écrits d'Épiménide est interrompue, dès le début (§ 112), par deux données qui seraient plutôt de mise à d'autres endroits de la biographie : le détail relatif au sanctuaire des Euménides, emprunté à Lobon d'Argos, se rangerait très bien à côté de la relation des cérémonies expiatoires accomplies à Athènes (I, 110); le second détail, qui n'est qu'une interprétation du long sommeil d'Épiménide, a sa place indiquée à la suite de ce récit fabuleux.

Diogène achève la nomenclature des écrits d'Épiménide, en rapportant une lettre de lui au législateur Solon (I, 113). La tradition en connaissait une autre, écrite en dialecte attique; cette particularité avait permis à Démétrios de Magnésie d'en montrer le caractère apocryphe. L'authenticité de la missive que nous lisons chez Diogène Laërce n'est pas davantage admissible, bien qu'elle soit écrite en dialecte crétois. Le compilateur l'emprunte ainsi que toute la correspondance apocryphe des Sept Sages à un recueil d'époque tardive. Remarquons que cette lettre est la seule trouvaille de Diogène; ailleurs il se borne à transcrire les renseignements de la compilation qu'il a sous les yeux. Les mots ἐγὼ δ᾽ εὗρον marquent une opposition : " si Démétrios de Magnésie a démontré qu'une lettre attribuée à Épiménide était apocryphe, moi, en revanche, (ἐγὼ δὲ) j'en ai trouvé une qui est authentique. „ Voilà ce que Diogène implique dans l'expression ἐγὼ δ᾽ εὗρον ; il est tout heureux de

[1] E. HILLER. *Die literarische Thätigkeit der sieben Weisen*, *Rhein. Mus.*, XXXIII (1878), pp. 518-529.

cette découverte, parce qu'ailleurs il ne trouve rien. Il n'est d'ailleurs pas certain que Diogène Laërce lui-même soit l'auteur de cette découverte. Comme il copie de très près sa source immédiate, le mot ἐγώ désigne peut-être cette dernière [1]. Nous remarquerons, en effet, que le contenu de cette lettre, où il est question de la tyrannie de Pisistrate, est en contradiction avec l'opinion de Phlégon admise par Diogène : si Épiménide est mort peu après son retour en Crète (I, 111), il n'a pu connaître les événements du milieu du VIe siècle [2].

Dans cette partie de la monographie, le rôle d'Hermippe semble avoir été effacé par celui de Démétrios de Magnésie. Hermippe a dû cependant mentionner quelques-uns des ouvrages dont nous retrouvons ici l'indication, en remaniant les catalogues de son maître Callimaque.

La fin de la notice (I, 114 s.) est une réunion de renseignements quelque peu disparates dont Diogène Laërce a généralement cité la source; on pourrait même croire qu'à partir des mots ἐγώ δ'εὗρον (I, 112 *in fine*), il suit une compilation différente de celle qui lui avait servi jusque là. Mais comme plusieurs de ces indications reparaissent chez Plutarque, il y a lieu d'admettre que les deux écrivains ont eu une source commune qui ne peut être qu'Hermippe et que, par conséquent, la notice d'Hermippe est toujours en dernière analyse l'origine du récit de Diogène.

[1] E. MAASS, *De biog. gr.*, p. 119, croit que cette lettre est parvenue à la connaissance de Diogène Laërce grâce à Favorinus.

[2] Cette remarque s'applique aussi à la lettre de Solon à Épiménide (I, 64 s.).

Le parallélisme suivant permettra de mettre en lumière la vraisemblance de notre hypothèse [1] :

Plutarque, Vie de Solon, c. 12.	Diogène Laërce, I, 110 ss.
(Ἐπιμενίδης).	(Ἐπιμενίδης).
Ἐδόκει δέ τις εἶναι θεοφιλής......	§ 110. Γνωσθεὶς δὲ παρὰ τοῖς Ἕλλησι θεοφιλέστατος εἶναι ὑπελήφθη....
Κούρητα νέον αὐτὸν οἱ τότε ἄνθρωποι προσηγόρευον....	115. Μυρωνιανὸς δὲ ἐν Ὁμοίοις φησὶν ὅτι Κούρητα αὐτὸν ἐκάλουν Κρῆτες.
Λέγεται δὲ τὴν Μουνυχίαν ἰδὼν καὶ καταμαθὼν πολὺν χρόνον εἰπεῖν πρὸς τοὺς παρόντας, ὡς τυφλόν ἐστι τοῦ μέλλοντος ἄνθρωπος · ἐκφαγεῖν γὰρ ἂν Ἀθηναίους τοῖς αὐτῶν ὀδοῦσιν, εἰ προῄδεσαν, ὅσα τὴν πόλιν ἀνιάσει τὸ χωρίον.	114. Ἰδόντα γοῦν τὴν Μουνυχίαν παρ' Ἀθηναίοις ἀγνοεῖν φάναι αὐτοὺς ὅσων κακῶν αἴτιον ἔσται τοῦτο τὸ χωρίον αὐτοῖς · ἐπεὶ κἂν τοῖς ὀδοῦσιν αὐτὸ διαφορῆσαι.
Χρήματα διδόντων πολλὰ καὶ τιμὰς μεγάλας τῶν Ἀθηναίων, οὐδὲν ἢ θαλλὸν ἀπὸ τῆς ἱερᾶς ἐλαίας αἰτησάμενος καὶ λαβὼν ἀπῆλθεν.	111. Ἀθηναῖοι δὲ τάλαντον ἐψηφίσαντο δοῦναι αὐτῷ καὶ ναῦν τὴν ἐς Κρήτην ἀπάξουσαν αὐτόν. Ὁ δὲ τὸ μὲν ἀργύριον οὐ προσήκατο.

Remarquons que ces quatre détails appartiennent à des parties différentes de la monographie et ne nous sont connus que par Plutarque et Diogène Laërce. Cette coïncidence ne peut s'expliquer que de deux façons : ou bien Diogène a copié Plutarque ou bien leur source est la même.

[1] Pour la facilité de l'exposé, nous réunissons ici tous les détails communs aux deux auteurs. Cf. BEGEMANN, *Quaestiones Soloneae*, spec. I, diss. inaug., Holzminden, 1875, pp. 13 s.

La première explication est inadmissible. On sait, en effet, que Diogène n'a pas lu Plutarque [1]; il existe entre les deux biographies de Solon de ces auteurs des divergences telles qu'on ne peut songer à l'emploi de l'un par l'autre [2].

Nous pouvons donc admettre que pour les détails identiques relatifs à Épiménide, les deux biographies ont une source commune. Or, Plutarque n'a guère utilisé dans la *Vie de Solon* que les ouvrages d'Hermippe et de Didyme Chalcentère. Au premier, il a surtout emprunté les détails essentiellement biographiques; au second, ceux qui concernent le législateur [3].

D'autre part, plusieurs auteurs que Diogène Laërce cite au premier livre de sa compilation avaient mis à profit les biographies d'Hermippe. Il est par conséquent très vraisemblable que là où Plutarque et Diogène sont d'accord, l'auteur alexandrin a été leur source commune. Les différences que présentent chez Plutarque et chez Diogène la forme et même le fond du récit, s'expliquent

[1] Diogène Laërce ne cite Plutarque que deux fois dans sa compilation (IV, 1 § 4 et IX, 10 § 60) et nous ne retrouvons pas le premier des détails cités dans la biographie de Lysandre à laquelle Diogène l'a prétendûment emprunté.

[2] BAHNSCH, *o. c.*, pp. 51 s. Comparez notamment les passages suivants : PLUTARQUE, *Solon*, c. 10 et DIOGÈNE LAËRCE I, 48; PLUT., *Solon*, c. 30 et DIOG. I, 52.

[3] Cette opinion a été établie surtout par les recherches de PRINZ, *De Solonis Plutarchei fontibus*, diss., Bonn 1867 et de BEGEMANN, *Quaest. Soloneae*, diss. 1875. La découverte de la *République des Athéniens* d'Aristote ne l'a pas infirmée. Cf. B. KEIL, *Die Solonische Verfassung in Aristoteles Verfassungsgeschichte Athens*, Berlin, 1892. Remarquons d'ailleurs qu'Hermippe et Didyme sont les plus récents des auteurs cités par Plutarque dans sa biographie de Solon.

aisément, si l'on songe que le texte d'Hermippe n'a été connu de Diogène que grâce à plusieurs intermédiaires, tandis que Plutarque l'a consulté dans l'original. M. Usener a objecté à cette opinion que les détails communs aux deux auteurs ne concernent que la tradition banale, et qu'un d'entre eux est emprunté à Myronianos [1] (I. 115).

Tout au contraire, ces données nous paraissent avoir un caractère bien précis et typique ; rien ne nous empêche d'ailleurs, en les faisant remonter originairement à Hermippe, d'admettre que Myronianos est un auteur intermédiaire entre Hermippe et Diogène [2].

Parmi les écrivains cités dans la dernière partie de la monographie, nous relevons le nom de Timée (I, 114). Hermippe en avait transmis la connaissance à Démétrios de Magnésie cité au même passage.

Il est permis également de supposer qu'Hermippe avait connu l'ouvrage de Sosibios de Laconie *Sur les sacrifices de Lacédémone* (περὶ τῶν ἐν Λακεδαίμονι θυσιῶν), auquel Diogène Laërce (I, 115) emprunte un détail isolé. Cet écrivain, du troisième siècle avant notre ère, avait introduit à Alexandrie l'étude des temps primitifs de Sparte [3]. Comme Diogène Laërce ne le

[1] U(SENER), *Philol. Anzeiger*, 1877, pp. 419-426 suppose un auteur intermédiaire entre Hermippe et Plutarque, peut-être Didyme, mais en tout cas un critique plus sûr que ne l'est Hermippe.

[2] Les citations que Diogène fait de Myronianos ne nous permettent pas de déterminer quand il a vécu. Cf. BAHNSCH, *o. c.*, p. 51 ; MAASS, *o. c.*, p. 106 et WILAMOWITZ, *ibid.*, pp. 160 s.

[3] SUSEMIHL, *Gesch. d. gr. Lit. in der Alex. Zeit*, I, pp. 603-605. — C. WACHSMUTH, *Einleitung in das Studium der alten Geschichte*, Leipz. 1895, pp. 136-138.

mentionne qu'ici et qu'il n'indique pas le titre de l'ouvrage, on ne peut admettre qu'il l'ait lui-même consulté.

L'énumération des personnages homonymes d'Épiménide termine le chapitre de Diogène Laërce. Cette liste,
comme d'autres semblables (I, 38; I, 79), dérive plutôt
de Démétrios que de Favorinus. Son traité *Sur les
auteurs homonymes* est, en effet, cité deux fois dans la
notice (I, 112 et 114). Mais il est possible que ces indications soient empruntées à une édition remaniée du traité
de Démétrios [1]. Les données fondamentales de ce catalogue d'homonymes avaient été fournies à Démétrios
par les travaux de Callimaque et d'Hermippe (πίνακες).

———————

Si nous réunissons les résultats de cette étude préliminaire, il nous sera permis d'admettre comme établis
les points suivants :

1. Théopompe est le premier auteur qui, à notre
connaissance, ait traité avec quelque détail de la légende
d'Épiménide.

2. Hermippe a le premier réuni en un ensemble systématique les traditions qui circulaient au sujet du
personnage; il a joint au récit de Théopompe des extraits

———

[1] E. MAASS, *De biogr. gr.*, pp. 23 ss., 48 ss., a réfuté plusieurs
arguments que SCHEURLEER, *De Demetrio Magnete*, Leyde, 1858,
avait fait valoir pour attribuer à Démétrios les catalogues
d'homonymes qu'on lit chez Diogène; mais il n'a pu expliquer
d'une manière satisfaisante un passage capital pour cette question (I, 38). WILAMOWITZ, *ibid.*, p. 146 et E. ROHDE, *Litter.
Centralbla t*, 1880, pp. 1742-44, ont combattu l'opinion de MAASS.
RUDOLPH, *Leipz. Stud.*, VII, p. 127 et SUSEMIHL, *o. c.*, I, p. 507,
l'ont adoptée.

d'autres écrivains tels que Timée et Sosibios de Laconie. On doit aussi lui attribuer la plupart des détails que nous lisons chez des auteurs postérieurs tels que Démétrios de Magnésie, Myronianos et Phlégon. Avec ces matériaux, Hermippe semble avoir esquissé le plan suivant :

§ 109 jusque οὗτος...	§ 109 depuis οὗτος jusqu'à la fin.	§§ 110 et 111 jusque καὶ ἐπανελθών.	§ 111 depuis ἐπανελθών jusque Ἐπιμένιδε.	§ 111 depuis Ἐποίησε et § 112 jusque φέρεται.	§ 114 et 115 jusque γεγόνασιν.	§ 115 depuis γεγόνασιν jusqu'à la fin.
Origine d'Épiménide.	Le sommeil de 57 ans.	Purification d'Athènes.	Mort d'Épiménide.	Écrits d'Épiménide.	Détails légendaires et prédictions.	Homonymes
Théopompe et d'autres. *Variante :* Οἱ δὲ Ἀγησάρχου...	Théopompe. *Transition :* § 110. Γνωσθείς...	Théopompe (jusque οἱ δὲ τὴν αἰτίαν...). *Variantes :* Sacrilège cylonien (variante suivie par Hermippe). Sacrifice de deux jeunes Athéniens (Néanthe de Cyzique). § 111 Théopompe ou une *Atthis*.	Théopompe. Xénophane. [Phlégon]	Callimaque. (πίνακες) [Lobon d'Argos] [La fin du § 112 depuis φέρεται et tout le §113 sont des additions de Démétrios de Magnésie ou de Diogène Laërce].	Timée. [Démétrios de Magnésie] Théopompe. [Myronianos] Sosibios.	Callimaque. (πίνακες) [Démétrios]

N. B. Le signe [ ] indique les additions de Diogène Laërce ou de son auteur à la compilation d'Hermippe.

PREMIÈRE PARTIE

HISTOIRE DE LA TRADITION

CHAPITRE I

La Tradition avant Théopompe

Comme la plupart des hommes célèbres antérieurs au sixième siècle avant notre ère, Épiménide ne fut longtemps connu du monde grec que grâce aux traditions orales. La plus importante d'entre elles rapporte que Solon lui demanda de venir à Athènes pour purifier la ville, et qu'il entretint avec lui des rapports d'amitié. Cependant les fragments de l'œuvre poétique de Solon, si importante pour l'histoire de la république athénienne au commencement du sixième siècle, ne renferment aucune allusion au rôle du purificateur crétois.

§ 1. — *Les ouvrages d'Épiménide.*

A défaut d'auteurs contemporains, nous pourrions interroger les écrits d'Épiménide lui-même, s'ils nous avaient été mieux conservés, si leur authenticité était mieux établie et leur date plus certaine.

En l'absence de tels renseignements, le titre de ces œuvres et les rares extraits qui nous en sont restés, nous éclairent du moins quelque peu sur la manière dont les siècles postérieurs ont envisagé leur auteur prétendu. L'antiquité connaissait sous le nom d'Épiménide une *Théogonie*, des *Oracles* (χρησμοί), des *Purifications* (καθαρμοί), des *Argonautiques*, des lettres et divers traités concernant la Crète [1].

La *Théogonie* qui porte le nom d'Épiménide ne peut être authentique, comme nous le montrerons dans la seconde partie de cette étude ; l'opinion fondamentale de son auteur sur l'origine du monde dénote l'influence de doctrines postérieures à l'époque d'Épiménide.

Cet ouvrage apocryphe n'en présente pas moins de l'intérêt au point de vue de l'histoire de la tradition. Si un écrivain du sixième ou du cinquième siècle a pu mettre en circulation et faire accepter sous le nom du purificateur crétois une *Théogonie* de sa composition ou plus vraisemblablement un ancien traité qu'il remaniait, c'est que, dans la conception de cette époque, Épiménide figurait parmi ces esprits religieux qui, à la suite d'Hésiode, s'étaient occupés de l'origine et de l'explication des choses divines.

Des deux ouvrages qui eussent pu nous éclairer sur le rôle prêté au thaumaturge et au prophète, du poème des *Purifications* et des *Oracles*, nous n'avons presque rien conservé. Leur existence nous montre néanmoins qu'Épiménide était considéré, lors de l'apparition de ces écrits, comme un homme inspiré, prévoyant l'avenir et

---

[1] Voir l'énumération détaillée de ces ouvrages, avec indication des sources, au dernier chapitre de la seconde partie, p. 119.

écartant la malédiction divine par des prières et des
cérémonies expiatoires.

A s'en rapporter aux autres traités qui nous sont
cités sous son nom, tels que l'*Histoire de la Crète* et les
Argonautiques, Épiménide serait encore un historien et
un poète épique. Ces dernières traditions n'ont aucune
garantie de vérité : les autres méritent plus d'attention.
Pour en contrôler la valeur, nous devrons les confronter
avec les renseignements que nous possédons d'ailleurs
sur la vie du personnage.

§ 2. — *Xénophane de Colophon.*

Il est particulièrement intéressant d'examiner le
témoignage d'un auteur qui est presque le contemporain
d'Épiménide.

D'après Diogène Laërce (I, 111), Xénophane de
Colophon rapportait avoir entendu dire qu'Épiménide
mourut dans sa cent cinquante-quatrième année. Cette
donnée, si elle est authentique, écarte sans discussion
possible l'opinion de Platon et des auteurs modernes qui
placent Épiménide vers l'an 500 avant notre ère [1]. On en
a, il est vrai, suspecté la valeur historique parce que le
renseignement n'est transmis que par un compilateur
négligent et peu digne de foi. Mais Théopompe et Pline
d'après lui admettaient également la longévité d'Épiménide [2]. La forme peu catégorique du renseignement
de Xénophane n'indique pas qu'il est sujet à caution ;
elle montre seulement qu'à l'époque de Xénophane,
Épiménide appartenait déjà à la légende. Nous ne savons

[1] Voir *supra* p. 4 et n. 1.
[2] Voir *supra* pp. 15 et 17 s.

pas à quel moment de sa longue existence [1] Xénophane
avait entendu parler de l'âge d'Épiménide, mais l'expression "il dit avoir entendu„ (φησὶν ἀκηκοέναι) permet de
croire que les deux personnages ne se sont pas connus,
et qu'Épiménide mourut avant le milieu du VI° siècle·
Cette donnée ne nous permet pas de déterminer la date
exacte de la purification d'Athènes; mais elle ne nous
empêche pas non plus de la placer avant la quarante-
sixième olympiade (596 avant J. C.).

Notre conclusion n'est point contredite par une autre
indication du compilateur : Xénophane avait, disait-on,
combattu les opinions de Thalès et de Pythagore et
attaqué Épiménide [2]. D'après Schultess [3], cette tradition
n'a pas plus de valeur que les anecdotes rapportées à
propos des inimitiés et des querelles entre philosophes.
Le fait, en soi, n'a pourtant rien que de fort possible.
Xénophane avait combattu le polythéisme que les
poèmes d'Homère et d'Hésiode avaient, disait-il, répandu
dans les foules. Pourquoi n'aurait-il pas blâmé les actes
et les opinions d'Épiménide qu'une tradition ancienne
faisait disciple d'Hésiode [4] ? Le philosophe éléate avait
peut-être attaqué les idées d'une théogonie qui circulait
à Athènes sous le nom d'Épiménide [5]. Mais il est beaucoup plus probable qu'il avait raillé chez Épiménide,
comme chez Pythagore, les allures du prophète et du

---

[1] DIOGÈNE LAËRCE, IX, 19.

[2] DIOGÈNE LAËRCE, IX, § 18. Cf. *supra*, p. 25, n. 2.

[3] C. SCHULTESS, *De Epimenide Crete*, p. 6.

[4] PLUTARQUE, *Banquet des Sept Sages*, 158 B : 'Αλλ' Ἡσιόδου
μὲν ἐμοὶ (sc. Κλεοδώρῳ) δοκεῖ δικαιότερον Αἴσωπος αὐτὸν ἀποφαίνειν
μαθητὴν ἢ Ἐπιμενίδης.

[5] C. WACHSMUTH, *De Timone Phliasio*, pp. 29 ss. et fr. 73 ss.

thaumaturge [1]. La violence spéciale des attaques contre
Épiménide, indiquée par le verbe καθάπτεσθαι, s'explique
naturellement chez Xénophane par une antipathie plus
grande contre le prêtre que contre les poètes ou les
philosophes. Elle n'oblige pas du tout à admettre une
querelle de contemporains entre Xénophane et Épiménide. A plus forte raison, n'est-il point nécessaire de
supposer l'existence d'un second Épiménide, disciple de
Pythagore [2].

_____

Après Xénophane, le silence se fait pour plus d'un
siècle autour du nom d'Épiménide. Les deux principaux
historiens du cinquième siècle, Hérodote et Thucydide,
ne le citent même pas, bien qu'ils aient eu l'un et l'autre
l'occasion de le faire. Ils rapportent, en effet, le massacre
des Cylonides dont l'expiation réclama le ministère
d'Épiménide [3]. Les auteurs modernes qui se refusent
à admettre la réalité du personnage ont triomphé du
silence des historiens et s'en sont servis pour lui dénier
tout caractère historique : si les deux connaisseurs les
plus sûrs de l'histoire primitive d'Athènes ne disent
rien d'Épiménide, c'est, dira l'un d'eux, qu'ils considéraient l'éloignement des Alcméonides comme la seule
expiation nécessitée par le sacrilège [4]. Pareille assertion
n'est en soi rien moins que prouvée : on peut penser
que le bannissement des coupables et l'exhumation des

[1] DIELS, _Epimen. von Kreta, l. c._, pp. 401 s.
[2] TANNERY, _Pour l'histoire de la Science Hellène_, pp. 35 s.
[3] HÉRODOTE, V. 71. — THUCYDIDE, I, 126.
[4] B. NIESE, _Histor. Unters. A. Schäfer ... gewidmet_, pp. 12 s.

morts ne pouvaient apaiser complètement les craintes religieuses ; il fallait purifier la ville entière, souillée par le contact plus ou moins long des meurtriers [1].

Du silence des deux historiens, M. Kern conclut qu'au cinquième siècle le nom d'Épiménide n'était pas encore rattaché à l'affaire des Cylonides ; le purificateur ne serait venu à Athènes que pour faire cesser la peste. Cette tradition, rapportée par Diogène Laërce, n'est pas suffisamment établie pour que nous admettions qu'un fléau de ce genre ait éclaté à Athènes soit en 596, comme le compilateur le dit, soit en l'an 500, ainsi que l'affirment MM. Lœschcke, C. Robert et O. Kern [2].

L'omission d'Hérodote et de Thucydide s'explique aisément par le peu d'intérêt qu'offrait un personnage comme Épiménide pour les Athéniens du Ve siècle ; à cette époque, l'attention générale est attirée par les événements contemporains et les esprits ne songent qu'à un passé très proche [3].

De plus, le récit d'Hérodote, incomplet en plusieurs points, dérive d'une source favorable aux Alcméonides ; les principaux coupables du massacre sacrilège ; suivant lui, les chefs du gouvernement, responsables du crime commis, ne sont pas les Alcméonides, Mégaclès et les siens, mais les prytanes des naucrares [4]. Pour atténuer

---

[1] H. DIELS, l. c., p. 391.

[2] O. KERN. De Orphei, Epimenidis, Pherecydis theogoniis, p. 82. Cf. supra, p. 4 n. 1 et pp. 22 s.

[3] SCHWARTZ dans PAULY-WISSOWA, Real Encyclop. s. v. Atthis, II (1896) p. 2181.

[4] HÉRODOTE, l. c. : οἱ πρυτάνεες τῶν ναυκράρων οἵπερ ἔνεμον τότε τὰς Ἀθήνας.... THUCYDIDE, l. c. : οἱ Ἀθηναῖοι.... ἐπιτρέψαντες τοῖς ἐννέα ἄρχουσι τὴν φυλακήν, etc.

encore la faute des meurtriers, l'auteur d'Hérodote avait
omis le nom d'Épiménide, refusant ainsi d'admettre la
nécessité d'une purification générale d'Athènes.

Thucydide, qui complète Hérodote, n'a pas mentionné
Épiménide, parce que son esprit, rebelle aux données
merveilleuses et aux superstitions, ne pouvait croire à
l'efficacité des mesures du purificateur, ni à sa thaumaturgie. Il n'a pas même jugé opportun d'en discuter la
valeur, comme il le fait quelquefois pour les oracles et
les interprétations des devins [1].

§ 3. — La Nouvelle ionienne.

Dans le courant du cinquième siècle, les écrivains de
l'Ionie s'attachent à recueillir les légendes qui circulent
dans le peuple sur la plupart des personnages célèbres
et notamment sur les Sept Sages. Ces traditions ne nous
sont malheureusement connues que par des écrits postérieurs à notre ère, tels que le *Banquet des Sept Sages*
de Plutarque et elles ont dû subir des transformations
multiples [2]. Nous pouvons cependant en reconstituer
certains traits et nous représenter l'idée que le peuple
ionien se faisait du rôle de ces personnages. De même
que les Grecs du IX° et du VIII° siècle avaient idéalisé
les héros de la légende troyenne et en avaient fait des
types de guerriers parfaits, de même nous voyons, au
V° siècle, l'imagination toujours active de ce peuple ingé-
nieux réaliser le type de la sagesse morale et politique

[1] THUCYDIDE, II, 17; II, 54.
[2] WILAMOWITZ, *Zu Plutarchs Gastmahl der sieben Weisen*,
dans l'*Hermes*, XXV (1890), pp. 195 ss. Cf. id., *Aristoteles u.
Athen*, II, p. 18. DIELS, *Parmenides*, p. 13.

dans la personne des hommes les plus remarquables du
siècle antérieur. Les nouvellistes ioniens recueillent et
amplifient les légendes naïves brodées par l'imagination
populaire autour de ces noms. Épiménide, que diverses
particularités rapprochent des Pittacus et des Solon,
devait nécessairement tenter l'activité d'un logographe
ionien.

Léandros de Milet [1] semble en effet, avoir rassemblé
les récits populaires relatifs au prêtre crétois, comme il
l'avait fait pour son concitoyen Thalès. Il remplaçait
dans la liste des Sept Sages, Cléobule et Myson, par
Léophantos et Épiménide (I, 41) [2]. L'intérêt de ce renseignement est de nous montrer qu'à la fin du Ve siècle
Épiménide était considéré comme un contemporain de
Thalès et de Solon. On voit ainsi que le rapprochement
d'Épiménide et de Solon, que la *République des Athéniens*
d'Aristote (c. 1) nous interdit d'admettre [3], est plus
ancien que ne le voudrait M. BUSOLT [4]. La tradition
suivie par Hermippe diffère de l'opinion de Léandros,
puisque Plutarque, dépouillant les biographies du premier, nous dit qu'Épiménide était rangé parmi les Sept

---

[1] L'époque et le nom même de cet écrivain sont peu sûrement
établis. On admet généralement que Λέανδρος est une variante
de Μαίανδριος et que ces deux noms désignent un logographe
ionien, dans le genre d'Hécatée de Milet et d'Hellanicos. Cf.
RŒPER, *Philolog.*, III (1848). pp. 28 s. — MÜLLER, *Fr. Hist.
Graec.*, II, p. 334.

[2] DIOGÈNE LAËRCE, I, 28; I, 41 : Λέανδρος μὲν γὰρ ἀντὶ Κλεο-
βούλου καὶ Μύσωνος Λεώφαντον Γορσιάδα, Λεβέδιον ἢ Ἐφέσιον καὶ
Ἐπιμενίδην τὸν Κρῆτα.

[3] Cf. *infra*, pp. 52 ss.

[4] BUSOLT, *Griechische Geschichte*, II², p. 210 n., attribue ce
rapprochement à Hermippe. Cf. *infra*, p. 62 n. 3.

Sages par les auteurs qui n'y comprenaient point
Périandre (*Solon*, c. 12).

§ 4. — *Platon.*

La concision des renseignements transmis jusqu'ici
à propos d'Épiménide cesse avec Platon. Contrairement
à la tradition générale, le Crétois Clinias dit à l'hôte
athénien que son compatriote vint à Athènes vers l'an
500. Il aurait accompli alors les sacrifices prescrits par
la divinité et aurait prédit aux Athéniens qui craignaient
l'expédition des Perses, que celle-ci n'aurait pas lieu
avant dix ans et qu'elle serait fatale aux envahisseurs [1].

Pour concilier les deux opinions, la tradition commune
et la donnée de Platon, des solutions aussi nombreuses
que peu satisfaisantes ont été proposées [2]. Quelques-uns
ont cru que par les guerres médiques il fallait entendre
l'expédition de Cyrus en Lydie; d'autres ont songé à
l'existence de deux Épiménides qui, à un siècle de
distance, seraient venus accomplir des cérémonies religieuses à Athènes [3]. D'aucuns ont voulu voir dans cette

---

[1] PLATON, *Lois*, I 642 D, Καὶ μὴν, ὦ ξένε, καὶ τὸν παρ' ἐμοῦ
λόγον ἀκούσας τε καὶ ἀποδεξάμενος θαρρῶν ὁπόσα βούλει λέγε. Τῇδε
γὰρ ἴσως ἀκήκοας ὡς Ἐπιμενίδης γέγονεν ἀνὴρ θεῖος, ὃς ἦν ἡμῖν οἰκεῖος,
ἐλθὼν δὲ πρὸ τῶν Περσικῶν δέκα ἔτεσι πρότερον παρ' ὑμᾶς κατὰ τὴν
τοῦ θεοῦ μαντείαν θυσίας τε ἐθύσατό τινας, ἅς ὁ θεὸς ἀνεῖλε, καὶ δὴ
καὶ φοβουμένων τὸν Περσικὸν Ἀθηναίων στόλον εἶπεν, ὅτι δεκὰ μὲν
ἐτῶν οὐχ ἥξουσιν, ὅταν δὲ ἔλθωσιν, ἀπαλλαγήσονται πράξαντες οὐδὲν
ὧν ἤλπιζον, παθόντες τε ἢ δράσαντες πλείω κακά. Τότ' οὖν ἐξενώθησαν
ὑμῖν οἱ πρόγονοι ἡμῶν, καὶ εὔνοιαν ἐκ τόσου ἔγωγε ὑμῖν καὶ οἱ ἡμέτεροι
ἔχουσι γονῆς.

[2] Voir l'énumération détaillée de ces opinions chez SCHULTESS,
De Epimen. Crete, p. 7.

[3] Cette explication, déjà proposée par H. DODWELL, *De vete-
ribus Graecorum Romanorumque cyclis*, Oxford, 1701, pp. 147 s.,
a été reprise par M. TANNERY, *o. c.*, pp. 35 s. Le remède est

donnée une négligence de l'écrivain qui aurait confondu le nom d'Épiménide avec quelque autre [1]. Le texte lui-même, qu'on ne peut changer, a été l'objet d'interprétations bizarres [2].

E. ZELLER [3] a supposé que Philippe d'Oponte, l'éditeur des *Lois* de Platon, avait introduit cette donnée légendaire dans le texte original d'après la fable de Diotime de Mantinée rapportée dans le *Banquet* (201 D) : l'anachronisme n'en subsiste pas moins. Il n'étonnerait guère sous la plume de Platon, qui traite la chronologie avec beaucoup de liberté, si cette erreur était motivée par un but littéraire ou philosophique. Pour Platon, en effet, le détail historique n'a de valeur qu'autant qu'il peut le faire servir à son intention. Mais ici il n'y a aucune raison artistique qui explique pareil changement; bien plus, il est remarquable que le personnage crétois, s'adressant à l'hôte athénien, n'ait pas préféré la tradition courante qui fait remonter à un siècle plus tôt l'amitié de l'Attique et de la Crète.

M. DIELS [4] a proposé un autre moyen de concilier les

simple, mais il est désespéré. L'indice invoqué par M. Tannery en ces termes : « l'ami de Solon semble avoir été de Phaestos (Plutarque); l'Épiménide dont parle Platon est de Cnosse » est inexact, puisque Théopompe qui suit la tradition générale, dit qu'Épiménide était de Cnosse.

[1] A. CROISET, *Histoire de la Littér. gr.*. Paris, Thorin, II, 1890, p. 439 n.

[2] BERGK, *Fünf Abhandl. zur Gesch. der griech., Phil. u. Astron.*, p. 76, n. 2, a voulu donner au mot ἔτος qu'on y lit, le sens de « grande année », c'est-à-dire de δωδεκαετηρίς (12 ans, année chaldéenne), ce qui nous ramènerait vers 610 avant J-C.

[3] E. ZELLER, *Abhandl. der Berl. Akad.*, 1873, pp. 95-99.

[4] DIELS, *Ueber Epimenides von Kreta, l. c.*, p. 395 ss. Cf. id. *Parmenides*, pp. 13 ss.

deux traditions : la donnée de Platon se rapporterait non pas à l'Épiménide de l'histoire, mais à celui de la littérature, personnage fictif qu'il faut placer un peu avant les guerres médiques. La prophétie que Platon attribue à Épiménide est évidemment un oracle fabriqué après coup, *cx eventu*, lorsque les Perses eurent été défaits. Elle appartient à un recueil d'oracles qui circulait à Athènes sous le nom d'Épiménide. Nous voyons ce genre de littérature se développer en Attique dès la fin du VIᵉ siècle. Des oracles plus ou moins récents furent alors attribués à des devins mythiques tels qu'Orphée, Musée et Linos et, grâce à ces noms, obtinrent crédit auprès d'une foule supertitieuse. Les Pisistratides chargèrent une commission de savants de les recueillir, dans le but d'empêcher de nouvelles falsifications. Onomacrite d'Athènes qui la présidait, inséra notamment parmi les vers de Musée un oracle apocryphe; pris sur le fait par Lasos d'Hermione, il fut chassé d'Athènes, mais se réconcilia plus tard avec ses anciens maîtres, réfugiés à la cour du roi de Perse et continua au profit de leur politique ce genre de supercherie littéraire [1]. Pour décider Xerxès à favoriser le restauration de la tyrannie à Athènes et pour la préparer dans l'esprit des Athéniens eux-mêmes, Onomacrite avait reçu d'Hippias la mission d'insérer dans sa collection des prophéties d'événements qui s'étaient réalisés, en les attribuant à Épiménide. Il cherchait ainsi à obtenir du roi la confiance en l'accomplissement des prédictions relatives à son intervention. De même qu'il avait interpolé les oracles de Musée, il aurait, suivant M. Diels, introduit, après 490, dans le

[1] HÉRODOTE, VII, 6. THUCYDIDE, VI, 59.

recueil des oracles d'Épiménide, la prédiction d'un
événement qui venait de s'accomplir, la défaite des
Perses conduits par Darius [1].

Bien qu'on ne puisse nier un rapport entre l'indication
de Platon et les oracles du pseudo-Épiménide, on ne voit
pas clairement comment elle a pu en dériver. C'est tout
au plus si le souvenir de ce recueil d'oracles apocryphes
a pu suggérer à Platon l'idée d'attribuer son étrange
anachronisme à l'interlocuteur crétois. Si Épiménide a
purifié Athènes du sacrilège cylonien, comme l'admet
M. Diels, et si, en conséquence, le souvenir de cet événement s'est conservé jusqu'à la fin du VIe siècle, époque
où l'on connaissait les oracles d'Épiménide, Onomacrite n'a pu attribuer au prophète crétois la prédiction
de la défaite des Perses, du moins telle qu'elle apparaît
chez Platon. Le faussaire ne pouvait prétendre, même
en recourant à la fiction d'un sommeil centenaire, que la
prophétie d Épiménide ne précédait les guerres médiques
que de dix ans [2]. Les Athéniens du Ve siècle n'étaient
pas assez ignorants de leur histoire pour que la légende
d'une intervention d'Épiménide vers l'an 500 eût quelque
chance de s'accréditer chez eux. Il eût été difficile, pour

---

[1] DIELS, *l. c.*, p. 397 : « Es ist immer das alte Kunststück aller
Orakelweisheit, durch Fiction von Orakeln *ex eventu* die Glaub-
würdigkeit der auf die Zukunft bezüglichen neuen zu verbürgen. »
M. Diels qualifie ce genre littéraire de « propagande d'émigrés ».

[2] Platon a peut-être ajouté cette indication de dix ans à la
forme primitive de l'oracle parce que cet intervalle de temps
joue un rôle important dans la divination ancienne. Dans le
Banquet (p. 201 D), il nous dit, à propos de la Mantinéenne
Diotima : καὶ Ἀθηναίοις ποτὲ ϑυσαμένοις πρὸ τοῦ λοιμοῦ δέκα ἔτη
ἀναβολὴν ἐποίησε τῆς νόσου. Cf. TŒPFFER, *Attische Genealogie*,
p. 142.

ne pas dire impossible, de leur faire admettre que si les
Perses n'étaient venus qu'en 490, c'était à Épiménide
qu'ils le devaient.

Nous croyons qu'il faut chercher par une autre voie la
solution du problème. Dans le dialogue des *Lois,* l'ironie
platonicienne se joue de la crédulité et de l'ignorance du
personnage crétois [1]. Nous pourrions donc nous demander
si un anachronisme aussi grossier que de faire venir
Épiménide à Athènes vers l'an 500 n'est pas intention-
nel de la part de l'écrivain. L'ironie apparaît plus visiblement encore, lorsque dans l'entretien du même personnage avec l'hôte athénien sur les inventions fameuses
de l'antiquité [2], Platon fait rappeler par celui-ci que le
Crétois oublie de citer " un homme qui le touche de
près et qui n'est véritablement que d'hier „ (τὸν φίλον...
τὸν ἀτεχνῶς χθὲς γενόμενον); et Clinias répond à son interlocuteur : " Parles-tu d'Épiménide? „ Il nous semble que
ces mots rappellent ironiquement l'anachronisme que
l'auteur vient d'attribuer au Crétois [3].

[1] PLATON, *Lois,* III, 680 C. Cf. WILAMOWITZ, *Homer. Unters.,*
p. 269 n.

[2] PLATON, *Lois,* III, 677 D; le mot ἀτεχνῶς est ironique.

[3] Selon E. ROHDE, *Psyche.* II[2] p. 97, Platon n'a pas voulu
contester la tradition de l'ancienne purification d'Athènes; il ne
se sera pas demandé comment le même homme pouvait reparaître
au même endroit à un siècle d'intervalle, peut-être à cause du
grand âge d'Épiménide. Les Crétois disaient, en effet, que leur
compatriote avait vécu deux cent quatre-vingt-dix-neuf ans
(Diog. L. I, 110), ce qui lui aurait permis de venir à Athènes à
la fin du VIIe siècle et au commencement du Ve. Nous doutons
fort cependant qu'il faille recourir à cette légende pour expliquer
le texte de Platon.

§ 5. — Les Atthidographes.

Au quatrième siècle, un courant général entraîne les savants grecs vers l'étude des anciennes institutions politiques et religieuses; on veut connaître le culte et les rites du passé [1]. La légende d'Épiménide fut remise en honneur alors, et c'est probablement aux investigations des Atthidographes que nous devons la connaissance des détails de la purification d'Athènes [2]. Le souvenir de celle-ci n'avait jamais dû disparaître entièrement : rattachée au massacre des Cylonides, l'histoire d'Épiménide ne pouvait tomber dans l'oubli. Nous voyons, en effet, les conséquences du sacrilège commis par Mégaclès et les siens peser longtemps encore sur la famille des Alcméonides. En 508, après la chute de la tyrannie, Isagoras oblige l'Alcméonide Clisthène à s'enfuir, et le roi de Sparte Cléomène, appelé pour la seconde fois, purifie de nouveau la ville [3]. Plus tard, au début de la guerre du Péloponnèse, les Lacédémoniens voulant discréditer Périclès, apparenté aux Alcméonides, dans l'opinion de ses concitoyens, ordonnent aux Athéniens d'expier le sacrilège commis contre la déesse lors du massacre des Cylonides [4]. D'autres événements du cinquième siècle tels que la purification de Délos et la peste d'Athènes avaient encore impressionné les esprits et réveillé le souvenir d'Épiménide [5].

[1] WILAMOWITZ, *Aristot. u. Athen*, I, p. 260 ss , II, pp. 17 s. — SCHWARTZ, dans PAULY-WISSOWA, *Real Encycl.*, s. v *Atthis* II (1896), pp. 2180-2183.

[2] DIOGÈNE LAËRCE, I, 110. Cf. pp. 23 et 106.

[3] ARISTOTE, Ἀθηναίων πολιτεία, c. 20.

[4] THUCYDIDE, I, 126 s.

[5] HÉRODOTE, I, 64. THUCYDIDE, I, 8; II, 47 ss., III, 104. PLUTARQUE, *Banquet des Sept Sages*, c. 14, 158 A.

Au milieu des luttes civiles de la république athénienne, l'histoire du purificateur crétois fut sans aucun
doute un sujet de discussion entre les partisans et les
adversaires des Alcméonides : les premiers avaient
intérêt à nier un événement qui, aux yeux d'une population religieuse, augmentait la gravité du sacrilège
commis par les ancêtres de leur famille. Que les adversaires de celle-ci en aient conservé soigneusement le
souvenir dans un but opposé, c'est très naturel; qu'ils
l'aient inventé de toutes pièces pour en faire un sujet de
reproche à leurs ennemis politiques, comme le suppose
M. de WILAMOWITZ, c'est peu probable [1].

Le nom de Nicias, attribué au chef de l'ambassade
chargé de ramener Épiménide en Attique, renferme,
selon nous, une allusion au général athénien homonyme,
le plus religieux et le plus superstitieux des Grecs du
cinquième siècle. Cette homonymie peut difficilement
être fortuite. Il était très naturel de placer à la tête
d'une mission semblable un ancêtre du dévot Nicias [2].

Les Atthidographes ne paraissent pas avoir fixé d'une

---

[1] M. de WILAMOWITZ, *Euripides 'Hippolytos*, pp. 243 s., prétend que grâce à la fiction du sommeil d'Épiménide introduite
dans un ouvrage apocryphe de la fin du VIe siècle, les partisans
d'Isagoras inventèrent alors la purification d'Athènes accomplie
par Épiménide avant son sommeil et augmentèrent ainsi l'importance du sacrilège commis par les ancêtres de leurs adversaires
politiques. Nous donnerions plutôt l'explication inverse : la purification de Cléomène est faite à l'image de celle d'Épiménide,
comme si le séjour en Attique de l'Alcméonide Clisthène avait
rendu une nouvelle expiation nécessaire.

[2] DIOGÈNE LAËRCE, I, 110. THUCYDIDE, VII, 50, 77, 86.
Cf. PLUTARQUE, *Nicias*, c. 9; 26. THUCYDIDE, II, 85, parle
d'un Crétois appelé Nicias, proxène des Athéniens à Gortyne.

manière certaine la date de la purification d'Athènes. Ne reposant pas toujours sur des documents officiels, leur chronologie hésitait très souvent pour l'époque antérieure à Solon. De plus, en leur qualité d'auteurs officiels, ils étaient animés d'un esprit démocratique et s'attachaient à mettre en relief le rôle des personnages populaires; obéissant à cette tendance, ils avaient sans doute déjà admis le rapprochement d'Épiménide et de Solon. Ainsi s'expliquerait l'erreur des biographes anciens qui ont considéré cette fiction comme une tradition historique parfaitement établie.

CHAPITRE II

THÉOPOMPE

Jusqu'ici les auteurs anciens n'ont rapporté à propos d'Épiménide que des faits naturels et vraisemblables : le purificateur crétois a pu vivre sinon cent cinquante-quatre ans, comme le rapporte Xénophane, du moins très longtemps. Son caractère d'homme religieux a permis de le classer parmi les Sept Sages, comme le prétend Léandros de Milet. Si l'on fait abstraction de l'anachronisme, la donnée fantaisiste de Platon n'a rien non plus de contradictoire avec le caractère prêté par la légende au personnage. Enfin il est naturel qu'Épiménide soit venu à Athènes pour purifier la cité, comme le rapportent les Atthidographes.

Avec Théopompe, nous quittons le domaine de l'histoire pour entrer tout à fait dans celui de la fable. Les nombreux détails que Diogène Laërce cite d'après cet auteur ont un caractère commun : le sommeil de

cinquante-sept ans (I, 109), la voix adressée du ciel à
Épiménide (I, 115), et la durée de sa vieillesse (*ibid.*)
sont autant de données légendaires. Elles dérivent
toutes du huitième livre de l'*Histoire philippique* généralement connu dans l'antiquité sous le titre spécial de
Récits merveilleux (θαυμάσια) [1].

A cet endroit de son ouvrage, Théopompe, voulant
surpasser Hellanicos, Hérodote, Ctésias et Platon, avait
rapporté la plupart des détails extraordinaires attribués
aux thaumaturges du septième et du sixième siècle
avant notre ère. De même qu'il y avait traité la légende
de Phérécyde et de Pythagore [2], il avait raconté le long
sommeil d'Épiménide dans une caverne, parce que ce
fait merveilleux devait plaire à l'imagination de ses
lecteurs et soulevait des problèmes philosophiques,
comme la fable de la femme tombée en léthargie et
réveillée par Empédocle.

La présence de presque tous les détails de la légende
chez Théopompe nous indique que le roman d'Épiménide
était achevé au quatrième siècle, au moins dans ses
traits principaux. C'est d'ailleurs l'époque féconde en
ce genre de compositions : Héraclide Pontique élaborait
alors, d'après des traditions orales et sa propre imagination, le roman des anciens philosophes, de Pythagore
et des prophètes errants [3]. Il n'avait pu omettre de
mentionner la légende d'Épiménide, peut-être même de

---

[1] Cf. pp. 17 s. ROHDE, *Rhein. Mus.*, XLVIII, (1893), p. 110 ss.

[2] MÜLLER, *Fragm. Histor. Graec.*, I, pp. 287 s. fr. 66, 67 et 68.

[3] Pour la tendance au fabuleux chez Héraclide, v. CICÉRON,
de natura deorum I, 13 (34) : *ex eadem Platonis schola Ponticus
Heraclides puerilibus fabulis refersit libros.* PLUTARQUE, *Camille*,
22. Cf. WILAMOWITZ, *Aristoteles und Athen*, II, p. 14.

lui consacrer un traité, comme il l'avait fait pour Abaris, thaumaturge analogue. Parlant du voyage des âmes séparées du corps, il avait sans doute fait allusion à la tradition légendaire d'après laquelle l'âme du prophète crétois pouvait quitter son corps, quand elle le voulait [1].

Après Héraclide Pontique, les romanciers continuèrent à recourir aux légendes et dans leur ignorance des faits historiques, ils réalisèrent, pour chaque personnage célèbre et avec des traits semblables, le type du sage, du prophète ou du purificateur conforme à l'idée que s'en faisait leur époque [2]. Ces détails fantaisistes furent pris au sérieux par les biographes alexandrins et ceux-ci insérèrent dans leurs ouvrages les inventions que leurs prédécesseurs avaient ajoutées à la tradition primitive.

CHAPITRE III

ARISTOTE, HERMIPPE & PLUTARQUE [3]

Avant la découverte de la *République des Athéniens* (Ἀθηναίων πολιτεία), nous ne possédions aucun renseignement d'Aristote sur l'intervention d'Épiménide en Attique. Les indications fournies par la *Politique* et la

---

[1] SUIDAS, s. v. Ἐπιμενίδης. Chez Pline, *Nat. Hist.*, VII, 52 (174 s.), le récit du sommeil d'Épiménide précède immédiatement l'histoire de la femme ressuscitée par Empédocle, qu'Héraclide avait rapportée. Cf. BIDEZ, *Biogr. d'Empéd.*, pp. 26 ss.

[2] WILAMOWITZ, *Antig. v. Kar.*, pp. 146 ss. ROHDE, *Rhein. Mus.*, XXXIII, pp. 208 s.; XXXV, p. 157 et *Psyche* II², p. 90.

[3] Nous réunissons sous une même rubrique trois auteurs de date différente, parce qu'ils ont entre eux de nombreux rapports et qu'ils représentent particulièrement le courant historique dans la tradition des actes d'Épiménide.

Rhétorique sont relatives à l'écrivain et au prophète [1]. Le début du nouveau traité est autrement important pour la chronologie des faits que nous étudions. Pour faciliter l'intelligence des questions qu'il soulève, nous croyons utile d'en reproduire ici le texte [2].

I. .... Μύρωνος καθ' ἱερῶν ὀμόσαντες ἀριστίνδην. Καταγνω-σθέντος δὲ τοῦ ἄγους, [αὐτ]οὶ μὲν ἐκ τῶν τάφων ἐξεβλήθησαν, τὸ δὲ γένος αὐτῶν ἔφυγεν ἀειφυγίαν. ['Επι]μενίδης δ' ὁ Κρὴς ἐπὶ τούτοις ἐκάθηρε τὴν πόλιν.

II. Μετὰ δὲ ταῦτα συνέβη στασιάσαι τούς τε γνωρίμους καὶ τὸ πλῆθος πολὺν χρόνον [[τὸν δῆμον]]. Ἦν γὰρ [τότε] ἡ πολιτεία τ[οῖς τε] ἄλλοις ὀλιγαρχικὴ πᾶσι, ...

IV. Ἡ μὲν οὖν πρώτη πολιτεία ταύτην εἶχε τὴν ὑπο[γρα]φήν. Μετὰ δὲ ταῦτα χρόνου τινὸς οὐ πολλοῦ διελθόντος, ἐπὶ 'Αρι-σταίχμου ἄρχοντος, Δράκων τοὺς θεσμοὺς ἔθηκεν · .....

V. ..... ἰσχυρᾶς δὲ τῆς στάσεως οὔσης καὶ πολὺν χρόνον ἀντικαθημένων ἀλλήλοις, εἵλοντο κοινῇ διαλλακτὴν καὶ ἄρχοντα Σόλωνα.....

La valeur du renseignement d'Aristote et l'interprétation même du passage ont fait l'objet de nombreuses discussions.

Pour la réalité et la date des événements antérieurs au Ve siècle, les affirmations d'Aristote empruntent avant tout leur valeur aux sources dont elles dérivent. Dans bien des cas, il n'est, comme les autres historiens, qu'un intermédiaire; mais il a sur la plupart d'entre eux l'avantage d'avoir choisi ses sources, d'en avoir contrôlé la valeur et de ne pas les avoir copiées servilement.

[1] ARISTOTE, *Politique*, I, 1 § 6; id. *Rhétorique*, III, 17.
[2] 'Αθηναίων πολιτεία ed[2]. BLASS, Leipzig, Teubner.

Quand Aristote écrivit son traité de la *République des Athéniens*, il existait une tradition courante sur les personnes et les faits de l'ancienne histoire attique. L'historien l'a combattue quand elle lui paraissait se rattacher à la légende plutôt qu'à l'histoire. Les fragments que nous avons conservés de la première partie de son ouvrage, indiquent cependant qu'il acceptait des récits mythiques. Faut-il ranger la mention d'Épiménide parmi ces derniers ? Nous ne le croyons pas. Sans doute, pour achever une œuvre aussi étendue que l'histoire de cent cinquante-huit constitutions politiques, Aristote n'a pu contrôler lui-même tous les détails de la tradition ; il en est souvent réduit à appliquer dans la critique des faits le principe de la vraisemblance. Mais presque toujours et principalement pour l'histoire athénienne, il a jugé les traditions avec perspicacité et pénétration, soumettant toute chose à l'épreuve de son jugement d'historien [1]. Il est donc très important de remarquer qu'Aristote a admis l'existence d'Épiménide, que le renseignement soit emprunté à une *Atthis* ou à un autre ouvrage [2].

[1] Aristote a utilisé les ouvrages d'Hérodote et de Thucydide, et a quelquefois contesté leurs données. En général son exposé s'inspire des Atthidographes.— KEIL., *Die Solonische Verfassung in Aristoteles' Verfassungsgeschichte Athens*, Berlin, 1892, pp. 95 s., p. 202.

[2] DIELS, *o. c.*, p. 388 considère le renseignement d'Aristote comme un témoignage suffisant de l'existence d'Épiménide. Il a été contredit par WILAMOWITZ, *Euripides' Hippolytos*, p. 243, qui prétend qu'Aristote a seulement rapporté le détail légendaire de l'*Atthis* qu'il utilisait.— E. ROHDE, *Psyche*, II², p. 98 n. 1, n'attache pas grande importance au témoignage d'Aristote, qu'il croit d'ailleurs inutile pour démontrer le caractère historique d'Épiménide.

Les premiers mots du traité d'Aristote forment la conclusion d'un récit. Comme ils parlent du procès intenté aux Alcméonides, on doit supposer que le début du chapitre renfermait le récit de la tentative de Cylon et du meurtre de ses partisans : la vraisemblance de cette hypothèse est confirmée par un fragment d'Héraclide [1] et par l'exposé de Plutarque, chez qui le procès des Alcméonides est raconté après le sacrilège cylonien [2].

Si nous suivons à la lettre le texte d'Aristote, nous obtiendrons pour les événements auxquels il fait allusion, la suite chronologique suivante :

1° Tentative de Cylon et massacre de ses partisans.

2° Procès et condamnation des Alcméonides.

3° Purification d'Athènes par Épiménide.

4° Législation de Dracon.

Cette succession contredit absolument la plupart des traditions anciennes. Plutarque, Diogène Laërce et Suidas placent la visite d'Épiménide à Athènes quelques années avant la législation de Solon [3].

Pour concilier ces données, le premier éditeur de la *République des Athéniens,* M. KENYON [4] a proposé l'explication suivante : le mot ταῦτα placé au commencement du second chapitre désignerait seulement le massacre des Cylonides, dont il était question au début

---

[1] *Heraclidis epitoma,* éd. BLASS fr. 4 (Ἀθην. πολ. p. 105, 1) : τοὺς μετὰ Κύλωνος διὰ τὴν τυραννίδα ἐπὶ τὸν βωμὸν τῆς θεοῦ πεφευγότας οἱ περὶ Μεγακλέα ἀπέκτειναν. Καὶ τοὺς δράσαντας ὡς ἐναγεῖς ἤλαυνον.

[2] PLUTARQUE, *Solon,* c. 12 (*init.*).

[3] Les deux derniers auteurs ont seuls des dates précises. DIOGÈNE LAËRCE, I, 110 : ol. 46 = 596. — SUIDAS, s. v. Ἐπιμενίδης : ol. 44 = 604.

[4] Ἀθην. πολιτ., 2ᵉ éd. p. 1 n.

du premier chapitre. Il faudrait fixer après Dracon le procès des Alcméonides et la purification d'Athènes; Aristote parlant du sacrilège cylonien se serait laissé entraîner à rapporter au même endroit des conséquences qui ne se produisirent que beaucoup plus tard.

Le sens peu précis que l'écrivain donne à l'expression μετὰ ταῦτα à plusieurs passages de son traité [1], rendrait l'hypothèse de M. Kenyon fort plausible, si le début du chapitre IV n'en montrait l'inutilité. Après avoir rappelé les discordes prolongées entre la noblesse et le peuple, et avoir fait le tableau de l'ancienne constitution athénienne, Aristote continue par les mots : " peu de temps après, sous l'archontat d'Aristaichmos, Dracon rédigea ses lois „. Ici il nous paraît impossible de donner encore à l'expression μετὰ ταῦτα le sens que M. Kenyon propose pour le commencement du chapitre II. Dans un ouvrage où l'ordre chronologique sert de base à l'exposé — et c'est bien là le caractère de l''Αθηναίων πολιτεία —, Aristote n'a pu placer au chapitre I des événements qu'il aurait regardés comme postérieurs à des faits rapportés au chapitre IV et comme contemporains de Solon, personnage dont il n'est question qu'au chapitre V. En d'autres termes, si Aristote mentionne la purification d'Athènes au chapitre I et la législation de Dracon au chapitre IV, c'est qu'il considère le premier événement comme antérieur au second. Au surplus, l'interprétation

[1] J. H. WRIGHT, *The date of Cylon* (*Harvard Studies* III, 1892), p. 68 n. 3, a montré qu'à plusieurs endroits du traité d'Aristote, ταῦτα, dans l'expression μετὰ ταῦτα, ne désigne pas l'événement qui vient d'être raconté, mais un événement antérieur. Voir surtout ch. 14 (BLASS, p. 19, l. 9 ss.) ἔτει δὲ δωδεκάτῳ μετὰ ταῦτα; cf. 19 init. (p. 26, l. 14). Les exemples empruntés aux c. 22, 26 et 38 sont moins probants.

de M. Kenyon, fût-elle exacte, ne concilie pas l'opinion
d'Aristote avec celle de Plutarque qui met Épiménide en
rapport avec Solon et qui fait intervenir ce dernier dans
le procès des Alcméonides [1]. Elle est conforme, du reste,
à l'idée que M. Kenyon se fait des rapports du récit de
Plutarque avec celui d'Aristote; suivant lui, Plutarque
avait le traité d'Aristote sous les yeux, lorsqu'il rédigeait
la biographie de Solon. Cette opinion nous semble peu
probable. La comparaison des deux textes nous permettra, en effet, de reconnaître qu'à côté de quelques
ressemblances les deux récits offrent entre eux des
divergences nombreuses, d'établir que l'un ne dérive pas
de l'autre, que la source immédiate des deux historiens
n'est pas la même, enfin de fixer la succession des événements importants qui séparent le massacre des Cylonides
de la législation de Solon.

Aristote et Plutarque rapportent en termes à peu près
semblables le sacrilège cylonien, le procès et la condamnation des Alcméonides :

ARISTOTE (*Heracl. epit.*   PLUTARQUE, *Solon*, c. 12.
fr. 4 éd. BLASS).

τοὺς μετὰ Κύλωνος διὰ τὴν τυραν-   .... οἱ δὲ τοῖς βωμοῖς προσφυγόντες
νίδα ἐπὶ τὸν βωμὸν τῆς Θεοῦ   ἀπεσφάγησαν.
πεφευγότας οἱ περὶ Μεγακλέα ἀπέκτειναν.

---

[1] M. Kenyon pourrait répondre que le mot ταῦτα, au ch. IV,
désigne les discordes prolongées qui suivirent immédiatement la
tentative de Cylon. Mais il est probable qu'il s'agit ici du procès
des Alcméonides. Cf. WILAMOWITZ, *Arist. u. Athen.* I, p. 57. —
BLASS, *Fleckeisen's Neue Jahrbücher*, tome 151, p. 479, croit que
ταῦτα désigne la dernière des innovations mentionnées au
chapitre III, c'est-à-dire l'institution des thesmothètes.

Ἀθηναίων πολιτεία, c. 1. (*init.*)

Μύρωνος καθ' ἱερῶν ὀμόσαντες ἀριστίνδην. Καταγνωσθέντος δὲ τοῦ ἄγους, [αὐτ]οὶ μὲν ἐκ τῶν τάφων ἐξεβλήθησαν, τὸ δὲ γένος αὐτῶν ἔφυγεν ἀειφυγίαν.

(Cf. *Heracl. epit.* fr. 4 καὶ τοὺς δράσαντας ὡς ἐναγεῖς ἤλαυνον.)

PLUT., *Solon*, c. 12.

.... τριακοσίων ἀριστίνδην δικαζόντων. Μύρωνος δὲ τοῦ Φλυέως κατηγοροῦντος ἑάλωσαν οἱ ἄνδρες, καὶ μετέστησαν οἱ ζῶντες · τῶν δ'ἀποθανόντων τοὺς νεκροὺς ἀνορύξαντες ἐξέρριψαν ὑπὲρ τοὺς ὅρους.

Comme ces analogies, ainsi que d'autres, empruntées à diverses parties des deux ouvrages, ont fait supposer que Plutarque avait utilisé le traité de la *République des Athéniens* d'Aristote, nous exposerons ici les principales raisons qui nous obligent à rejeter cette opinion et à considérer la version de Plutarque comme indépendante de celle d'Aristote; nous chercherons ensuite une autre explication de cette ressemblance.

L'auteur de la biographie de Solon cite trois fois le nom d'Aristote, aux chapitres 11, 25 et 32.

Le premier renseignement ne fournit aucun éclaircissement pour notre recherche, parce qu'il est emprunté à un livre d'Aristote que nous n'avons pas conservé, la *Nomenclature des vainqueurs aux jeux pythiques* (ἡ τῶν Πυθιονικῶν ἀναγραφή).

Nous pouvons contrôler l'exactitude de la seconde citation : Aristote nous dit, en effet, au chapitre VII de la *République des Athéniens*, que les rouleaux de bois sur lesquels on avait gravé les lois de Solon s'appelaient κύρβεις. Mais cette donnée est empruntée à Didyme, le principal auteur de Plutarque, avec Hermippe, dans la *Vie de Solon* [1].

---

[1] BRUNO KEIL, *Die Solonische Verfassung*..., pp. 57 ss. — BEGEMANN, *Quaest. Solon.*, p. 21. — WILAMOWITZ, *Aristot. u. Athen*, I, p. 301. Cf. *supra*, p. 29, n. 3.

La troisième indication est tout à fait concluante pour
notre thèse : d'après Plutarque (*Vie de Solon*, c. 32 *in
fine*), Aristote aurait prétendu que les cendres de Solon
avaient été jetées au vent dans l'île de Salamine [1].
Or nous ne retrouvons aucune trace de cette tradition
dans la *République des Athéniens*, le seul ouvrage d'Aristote à qui l'auteur eût pu l'emprunter. Il est donc
impossible de prouver par les citations prétendûment
tirées d'Aristote que Plutarque a utilisé le traité de la
République des Athéniens.

L'examen des passages où les deux auteurs traitent
du même sujet, sans que l'un cite l'autre, nous mènerait
à la même conclusion [2]. Détail curieux, la ressemblance,
tant pour le fond que pour la forme, y est beaucoup plus
prononcée qu'aux endroits où Plutarque cite Aristote.
Tel est le cas notamment pour les textes que nous avons
confrontés plus haut. Il faut attribuer cette analogie au
fait qu'Hermippe, l'auteur principal de Plutarque dans
la *Vie de Solon*, a généralement suivi mot à mot des
sources qu'Aristote raisonnait et abrégeait. C'est la seule
solution qui puisse rendre compte des différences fort
caractéristiques que présentent les deux textes, tout en
expliquant leur ressemblance.

Une amplification du récit d'Aristote par Plutarque
n'expliquerait pas comment celui-ci a contredit le traité

[1] La même tradition est rapportée par Diogène Laërce, I, 62,
concordance qui nous permet de remonter à Hermippe. Cf. *supra*,
p. 29.

[2] Comme la comparaison détaillée des textes serait fort longue,
nous nous bornerons à signaler les différences capitales et à
renvoyer, pour la partie qui concerne Solon, à l'étude déjà citée
de B. KEIL, *Die Solon. Verfass....*, passim. L'argumentation y
est parfois trop subtile, par ex. pp. 41 s., 56, 155, etc.

de la *République des Athéniens* qu'il aurait eu sous les
yeux. Ainsi, il est certaine opinion sur la réforme de
Solon (*Vie de Solon*, c. 18) et certain bruit calomnieux
sur ses rapports avec Pisistrate (*ibid.*, c. 1), que Plutarque n'eût pas reproduits, s'il avait compulsé l'œuvre
d'Aristote ('Αθην. πολ. c. 9 *in fine*, c. 17). Le silence qu'il
observe à l'égard de la constitution politique de Dracon
serait également inexplicable, s'il avait lu le chapitre IV
du traité d'Aristote. On a prétendu, il est vrai, que ce
passage était interpolé; mais nous croyons qu'on doit
le conserver, malgré les difficultés qu'il soulève [1].

Au reste, l'esprit qui anime la biographie de Plutarque est tout différent de celui que révèle l'exposé
d'Aristote. Après Hermippe et les Atthidographes, Plutarque exalte dans Solon l'homme de la démocratie;
Aristote, au contraire, réagissant contre la tendance
générale de son siècle [2], met en relief le caractère modéré,
l'esprit de juste milieu du législateur athénien. C'est
peut-être là le motif le plus sérieux de rejeter l'opinion
des critiques d'après lesquels Plutarque aurait lu la
République des Athéniens d'Aristote [3].

[1] Pour rejeter ce chapitre, THÉOD. REINACH, *Revue des
Études Grecques*, 1891, p. 145, invoque l'étonnante conformité
entre les dispositions qu'il renferme et la constitution oligar-
chique introduite à Athènes à la suite du désastre de Sicile. —
B. KEIL, *o. c.*, pp. 96 s. et 202, et WILAMOWITZ, *Aristot. u.
Athen*, I, p. 58, ont réfuté cette argumentation.

[2] Au quatrième siècle, les orateurs de tous les partis rivalisent
d'éloges envers le prétendu fondateur de la démocratie. Cf.
WILAMOWITZ, *Aristot. u. Athen*, I, p. 39.

[3] Pour concilier les deux opinions, WRIGHT, *The date of
Cylon*, *l. c.*. p. 25, n. 3, a supposé que Plutarque avait dépouillé
un ouvrage qui ne renfermait que certaines parties du traité
d'Aristote.

Si Hermippe lui-même que l'on rattachait à la secte péripatéticienne n'a pas suivi l'opinion d'Aristote, le fondateur de l'école, c'est qu'au second siècle avant J.-C., la manière de ce dernier ne jouissait pas d'une grande faveur, et que le traité sévère et concis de la *République des Athéniens* ne pouvait guère servir à un compilateur préférant les anecdotes à l'exactitude historique. Lorsqu'Aristote et Hermippe sont d'accord, ils suivent la tradition des *Atthides*. Pour de nombreux détails, il est même possible de préciser davantage et de faire de l'Atthidographe Androtion leur auteur commun [1].

Notre opinion sur les rapports entre les textes d'Aristote, d'Hermippe et de Plutarque est confirmée par les divergences que le récit de ce dernier touchant la tentative cylonienne et ses conséquences (*Vie de Solon*, c. 12) présente avec l'exposé qu'Hérodote (V, 51), Thucydide (I, 126) et Aristote ('Αθην. πολ. c. 1) nous ont laissé des mêmes faits.

Si on compare ces différents textes, on remarquera une double différence :

1. Plutarque ajoute au récit de ses devanciers l'anecdote du fil que les complices de Cylon auraient attaché à la statue d'Athéné, lorsqu'ils descendirent de l'Acropole.

Ce détail était favorable aux Alcméonides, puisque

[1] Aristote a contrôlé les assertions des Atthidographes en les comparant entre elles. Sur Androtion, voir H. WEIL, *Journal des Savants*, 1891, p. 203. B. KEIL, *o. c.*, pp. 190 ss. WILAMOWITZ, *Arist. u. Athen*, I, p. 277 et SCHWARTZ, dans PAULY-WISSOWA s. v. *Androtion* et *Atthis*.

la rupture de ce fil indiquait que la déesse retirait
sa protection aux conjurés; Mégaclès et les siens
n'auraient donc pas offensé la divinité en les massa-
crant. Le fait ne paraît pas historique. A-t-il été inventé
lors du procès des Alcméonides ou son origine est-elle
postérieure ? Il est difficile de se prononcer sur ce point.
Remarquons seulement en faveur de la seconde hypothèse que la tradition suivie par Hérodote et visiblement favorable aux accusés, semble ignorer ce détail [1].

2. Plutarque est également seul à rapporter l'intervention de Solon dans le procès des Alcméonides. Cette
donnée n'est pas davantage historique. Elle suffirait à
elle seule pour démontrer que Plutarque n'a pas eu sous
les yeux le texte de la *République des Athéniens*. Car ici,
nous n'avons pas affaire à une amplification du récit
d'Aristote, comme il serait permis de le supposer pour
la première addition de Plutarque, mais à une contradiction flagrante entre les deux écrivains.

Les détails que Plutarque ajoute ainsi à la version
primitive conviennent très bien à Hermippe : le premier
devait plaire à un écrivain qui cherche à intéresser ses
lecteurs par des anecdotes; le second est de mise sous
la plume de l'auteur qui achève le roman de Solon [2].
Trouvant insuffisant le rôle de conciliateur que Solon
avait joué au commencement du VIe siècle, Hermippe
aura pris plaisir à rapporter une tradition qui ajoute
un nouveau mérite au législateur athénien [3].

[1] Cf. *supra*, pp. 40 s.

[2] Cf. *supra*, p. 13. BEGEMANN, *Quaest. Solon.*, p. 13. — WILA-
MOWITZ, *Antig. v. Kar.*, p. 150.

[3] L'origine de ce détail remonte peut-être au quatrième siècle,
époque où un courant général entraîne les esprits à grandir le

A part ces additions faites à la tradition véridique, le
récit de Plutarque concorde avec celui d'Aristote pour
ce qui concerne les événements. Mais il s'en écarte pour
la date de certains d'entre eux.

Remarquons d'abord qu'Aristote et Plutarque ne se
contredisent pas pour l'époque du massacre des Cylonides; car il ne ressort pas du texte de Plutarque que
celui-ci ait placé après Dracon la tentative cylonienne [1].

1. La contradiction est certaine pour la date du procès
des Alcméonides; si Plutarque y fait intervenir Solon,
c'est qu'il croyait ce procès postérieur à Dracon, et Aristote le place avant Dracon.

2. On peut en dire autant pour l'arrivée d'Épiménide
à Athènes. La disposition rigoureusement chronologique
de l'ouvrage d'Aristote nous oblige à fixer cet événement avant la législation de Dracon, tandis que Plutarque met Épiménide en rapport avec Solon.

Nous remarquerons encore que, d'après la *République
des Athéniens*, la condamnation des Alcméonides et la
purification d'Athènes sont deux faits connexes; le

rôle de Solon. G. BUSOLT, *Griech. Gesch*, II² pp. 209 s. n. croit
qu'Hermippe l'a inventé, parce que le même écrivain rapporte
un trait semblable de Lycurgue, dans des termes analogues.
Cf. WILAMOWITZ, *Homer. Unters.*, p. 271, *Arist. u. Athen*, I,
p. 302. B. NIESE, *Schäfer Histor. Unters.*, p. 14. Cf. *supra*,
p. 42.

[1] Avant la découverte de la *République des Athéniens*, BUSOLT,
Griech. Gesch., I¹ (1885), pp. 498, 505 n., était seul à prétendre
que la tentative de Cylon avait eu lieu avant 621. On trouvera le
résumé des opinions émises sur ce point de l'histoire athénienne
par les critiques modernes, chez WRIGHT, *The date of Cylon*,
pp. 12 s. L'étude de ce dernier a montré qu'on doit placer cet
événement en 636 ou au plus tard en 632.

second événement est le complément religieux du châtiment politique décrété par le tribunal des trois cents Athéniens; suivant Plutarque, au contraire, l'expulsion des Alcméonides est séparée de la purification d'Athènes par la perte de Nisée et de Salamine reconquises par les Mégariens.

Les additions faites par Plutarque à la tradition historique et les contradictions que renferme son exposé, nous autorisent à négliger ses renseignements pour ce qui regarde la chronologie et le rapprochement d'Épiménide et de Solon.

Nous croyons qu'il faut s'en rapporter à l'autorité d'Aristote et classer les événements dans l'ordre suivant : après le massacre des Cylonides, en 636, il y eut à Athènes de longues luttes intestines qui aboutirent une douzaine d'années plus tard à l'expulsion des Alcméonides et à la purification d'Athènes par Épiménide. Ces derniers faits furent suivis de très près par la législation de Dracon [1].

Les événements se sont succédés plus rapidement que d'aucuns ne le croient [2] : le parti des Cylonides eut bientôt repris du crédit, grâce à l'appui de Théagène, tyran de Mégare et beau-père de Cylon. Ce dernier avait échappé au massacre avec son frère, comme le rapporte Thucydide (I, 126); quelques années après, ses partisans réussirent à obtenir la condamnation des Alcméonides.

[1] A. BAUER, *Forsch. zu Arist.* Ἀθηναίων πολιτεία, p. 44.

[2] DIELS, *o. c.*, p. 388, croit qu'un intervalle d'une génération est nécessaire entre le sacrilège et son expiation, pour qu'un changement ait eu le temps de se produire dans les idées religieuses.

Contemporain de Dracon, Épiménide a peut-être été son auxiliaire au milieu des difficultés que présentait une législation à la fin du VII° siècle avant notre ère. Le souci de grandir la renommée de Solon lui aura fait attribuer postérieurement un acte qui appartient à l'histoire de son prédécesseur. Les traditions anciennes aiment à établir de semblables rapprochements sans aucun souci de la chronologie : Solon, le sage politique, avait dû se trouver en relation avec Épiménide, le sage religieux [1].

CHAPITRE IV

LES ÉCRIVAINS DE LA PÉRIODE ALEXANDRINE

A partir du IV° siècle avant J.-C., notre connaissance de l'histoire et de la légende d'Épiménide ne s'enrichit plus que de données accessoires. Les biographes alexandrins se bornent à réunir ce que les auteurs de l'époque classique ont rapporté incidemment.

Timée.

Un écrivain curieux de légendes locales, comme l'était Timée de Tauroménion, avait dû, dans son exposé de l'histoire de la Crète, entretenir ses lecteurs d'un des personnages les plus célèbres de cette île. Malheureusement Diogène Laërce (I, 114) ne nous a conservé qu'une

[1] La légende de Lycurgue et de Thalétas dérive de la même tendance. Cf. *infra*, p. 71.

donnée de cette notice, d'après laquelle Épiménide
aurait reçu des nymphes un aliment particulier qu'il
gardait dans un sabot de bœuf et dont il usait sobre-
ment; la nature n'accomplissait pas chez lui ses fonctions
ordinaires et on ne le vit jamais manger [1].

Cette légende est très caractéristique : Épiménide
nous y apparaît encore sous la protection des nymphes,
tandis que de bonne heure l'oracle de Delphes le réclame
au nombre de ses serviteurs [2]. Cette nourriture subtile
qu'elles lui procurent, semble être un symbole des inspi·
rations nécessaires à son rôle de prophète [3]. Sa sobriété,
voire même son abstinence complète, était considérée
comme une préparation indispensable aux extases
pendant lesquelles la divinité était censée lui révéler
l'avenir. C'est surtout ce caractère de tempérance que
les Orphiques durent exalter chez Épiménide, lorsqu'ils
le rattachèrent à leur secte et lui attribuèrent des
ouvrages mystiques de leur composition. Nous savons
d'ailleurs, entr'autres par le drame perdu d'Euripide, les
Crétois, que la Crète était par excellence la région des
pratiques de l'abstinence orphique [1].

---

[1] Díogène Laërce rapporte ces détails d'après Démétrios de
Magnésie, mais il ajoute que Timée y fait allusion dans la
seconde section de son Histoire.

[2] Platon raconte qu'Épiménide vint à Athènes "d'après l'oracle
du dieu „ (κατὰ τὴν τοῦ θεοῦ μαντείαν), celui de Delphes, évidemment, qui était d'habitude consulté en de semblables occasions.
Cf. *infra*, pp. 102, 109.

[3] BOUCHÉ-LECLERCQ, *Hist. de la Divin.* II, p. 101.

[4] Cf. NAUCK [2], F. T. G., 472, v. 18 : τήν τ'ἐμψύχων βρῶσιν
ἐδεστῶν πεφύλαγμαι, et les notes de Nauck sur ce fragment.

Néanthe de Cyzique [1].

Néanthe avait eu l'occasion de rappeler la purification d'Athènes dans un ouvrage *Sur les Mystères* (περὶ τελετῶν), où il traitait d'anciennes pratiques religieuses, de sacrifices et de rites expiatoires. C'est d'après cet ouvrage qu'Athénée raconte qu'un jeune homme avait été sacrifié lors de la purification d'Athènes. Cette tradition n'a rien d'invraisemblable.

Le sang des Cylonides, sacrilègement versé, réclamait une immolation humaine en guise d'expiation. Un jeune Athénien du nom de Cratinos se dévoua alors pour sa patrie et son ami Aristodème voulut mourir avec lui. Diogène Laërce rapporte à peu près le même événement : il remplace Aristodème par Ctésibios et ne fait pas allusion à l'amour des deux jeunes gens [2].

Polémon avait reproché à Néanthe cette invention d'un amour romanesque; mais il ne semble pas qu'il faille étendre sa critique à la relation même du sacrifice des jeunes Athéniens. La réalité de ce dernier n'est pas aussi douteuse que certains le croient. Des immolations de ce genre eurent lieu en Grèce, même à l'époque historique.

A la fête des Thargélies, la ville d'Athènes était puri-

---

[1] ATHÉNÉE, éd. KAIBEL. XIII, 502 c. = *Fragm. Hist. Graec.*, éd. MÜLLER, I, p. 8, fr. 24; III, p. 13, fr. 53. Διαβόητα δ᾽ ἐστὶν καὶ τὰ ἐπὶ Κρατίνῳ τῷ Ἀθηναίῳ γενόμενα · ὅς μειράκιον <ὢν> εὔμορφον, Ἐπιμενίδου καθαίροντος τὴν Ἀττικὴν ἀνθρωπείῳ αἵματι διά τινα μύση παλαιά, ὡς ἱστορεῖ Νεάνθης ὁ Κυζικηνὸς ἐν β᾽ περὶ Τελετῶν, ἑκὼν αὐτὸν ἐπέδωκεν [ὁ Κρατῖνος] ὑπὲρ τῆς θρεψαμένης, ᾧ καὶ ἐπαπέθανεν ὁ ἐραστὴς Ἀριστόδημος λύσιν τ᾽ ἔλαβε τὸ δεινόν. Οὐκ ἀγνοῶ δὲ ὅτι τὰ περὶ Κρατίνου καὶ Ἀριστοδήμου πεπλάσθαι φησὶ. Πολέμων ἐν ταῖς πρὸς Νεάνθην ἀντιγραφαῖς.

[2] DIOGÈNE LAËRCE, I, 110.

fiée par le sacrifice de criminels dont le sang devait délivrer la communauté de la colère des dieux et la laver de ses souillures. Avant la bataille de Salamine, les Grecs forcèrent Thémistocle à immoler trois jeunes prisonniers, sur l'ordre du devin Euphrantidès [1]. Enfin Istros dans son *Recueil des sacrifices crétois* (Συναγωγὴ τῶν Κρητικῶν θυσιῶν) rapporte que les Curètes sacrifiaient jadis des enfants au dieu Kronos [2]; le fait est remarquable si nous songeons qu'Épiménide fut rangé parmi les Curètes [3]. Ces nombreux indices nous empêchent de mettre en doute le sacrifice humain auquel la purification d'Athènes donna lieu.

Sosibios de Laconie.

Les traditions spartiates concernant Épiménide apparaissent assez tard dans la littérature. Elles ne sont même un peu détaillées que chez des écrivains postérieurs à notre ère et particulièrement chez Pausanias. Le premier écho nous en est transmis par Théopompe [1]. Mais elles ne semblent avoir été réunies qu'au IIIᵉ siècle avant notre ère par Sosibios, un des rares historiens de la Laconie [5].

---

[1] PLUTARQUE, *Thémistocle*, c. 13 (d'après Phanias de Lesbos). Cf. PLATON, *Minos*, 315 C. — STENGEL, *Griech. Kultusaltertümer*, 2ᵉ éd. (1898), (*Handbuch d'Iwan Müller*). pp. 114 ss. — L. PARMENTIER, *Revue de Philologie*, XXI (1897), pp. 143 ss.

[2] MÜLLER, *Fragm. Hist. Graec.*, I, pp. 418-427, fr. 47.

[3] PLUTARQUE, *Solon*, c. 12. — DIOGÈNE LAËRCE, I, 115.

[4] DIOGÈNE LAËRCE, I, 115.

[5] Sur Sosibios, voir notamment C. WACHSMUTH, *Einleitung in das Studium der alten Geschichte*, Leipzig, Hirzel, 1895, pp. 136 ss. et SUSEMIHL, *Gesch. d. gr. Lit. in der Alex. Zeit*, I, pp. 603 ss. Cf. *supra*, p. 30.

Le défaut de documents historiques obligea Sosibios plus encore que les logographes athéniens à recourir aux traditions locales de la Laconie, fort sujettes à caution parce qu'elles ont été mises par écrit plus tard que les traditions athéniennes et qu'elles ont été arrangées d'après celles-ci [1].

En étudiant dans sa chronique les institutions de sa patrie, Sosibios avait rencontré le nom d'Épiménide et il est probable que son traité *Sur les sacrifices à Lacédémone* (περὶ τῶν ἐν Λακεδαίμονι θυσιῶν) renfermait au sujet du prophète crétois d'autres renseignements que la donnée de Diogène Laërce.

Sosibios racontait notamment que les Spartiates conservaient, sur l'ordre d'un oracle, le corps d'Épiménide [2]. Mais les Argiens prétendaient, à tort, selon Pausanias, qu'ils le leur avaient enlevé et que le tombeau d'Épiménide se trouvait à Argos devant le temple d'Athéna [3]. D'autre part, Suidas rapporte que la peau d'Épiménide fut trouvée couverte de lettres (γράμμασι κατάστικτον), longtemps après sa mort. Il est probable que l'on conservait à Sparte un manuscrit sur peau où l'on avait noté les prophéties d'Épiménide. L'expression τὸ Ἐπιμενίδειον δέρμα qui servait à désigner ce document aura été prise à la lettre et les Spartiates auront prétendu qu'ils possédaient la peau d'Épiménide, en d'autres termes le corps même du purificateur crétois.

---

[1] WILAMOWITZ, *Homer. Unters.*, p. 367 et *Arist. u. Athen*, II, p. 25.

[2] DIOGÈNE LAËRCE I, 115 : τὸ σῶμα αὐτοῦ φυλάττουσι Λακεδαιμόνιοι παρ' ἑαυτοῖς κατά τι λόγιον, ὥς φησι Σωσίβιος ὁ Λάκων.

[3] PAUSANIAS, II, 21, 3 (4). Cf. id. III, 11, 11 (7).

C'est probablement au traité de Sosibios que sont empruntés les renseignements de Pausanias concernant la visite d'Épiménide à Sparte [1]. Le periégète mentionne l'existence d'une statue d'Épiménide dans l'ancien palais des éphores et d'un temple qu'il aurait fait élever dans le voisinage de la Skias [2]. Ces indices montrent que le souvenir d'Épiménide fut très vivace en Laconie.

Faut-il mettre en doute la réalité d'une intervention dont le motif n'est nulle part indiqué? On a supposé, non sans vraisemblance, qu'Épiménide avait favorisé la politique des éphores et que ceux-ci lui avaient élevé un monument commémoratif pour reconnaître ses services [3].

Les traditions spartiates offrent de nombreux points de ressemblance avec les traditions athéniennes :

ATHÈNES.	SPARTE.
D'après Plutarque, Épiménide aide Solon dans sa tâche de législateur.	Il rend service aux éphores. (?)
Il a une statue à Athènes, devant l'Éleusinion (Pausan. I, 14, 4).	Il en a une à Sparte au palais des éphores.
Il fait des prédictions aux Athéniens.	Il prédit aux Spartiates leur défaite à Orchomène.
Les Athéniens possèdent un recueil d'oracles d'Épiménide.	Les Spartiates ont " la peau d'Épiménide „.
Épiménide restaure à Athènes le sanctuaire des Euménides.	Il élève à Sparte un monument avec les statues de Zeus et d'Aphrodite.

[1] KALKMANN, *Pausanias der Perieget*, Berlin, 1886, p. 122. Cf. WACHSMUTH, *o. c.*, p. 136, n. 1.

[2] PAUSANIAS, III, 11, 11 (7) et III, 12, 11 (9).

[3] URLICHS, *Rhein. Mus.*, VI (1848), pp. 217-221. Cf. SCHULTESS, *De Epim. Crete*, pp. 43 s. Les devins Abaris et Bakis

En présence d'une semblable analogie, on pourrait croire que le récit spartiate est un doublet de la tradition athénienne. Les Lacédémon·ens ont, semble-t-il, copié certains traits de la légende de Lycurgue et du Crétois Thalétas sur la version athénienne des rapports d'Épiménide avec le législateur Solon [1]; mais ce serait aller trop loin que de nier pour cela l'existence même de Thalétas et sa venue à Lacédémone. Les rapports entre les deux grands états doriens devaient être très fréquents, comme nous le montrent toutes les traditions. Nous ne voyons donc aucune raison de rejeter le fait de la visite d'Épiménide à Sparte et nous la considérons comme historique, bien que plus tard on ait pu broder sur cette tradition des données imitées de la légende athénienne.

Bôlos de Mendès.

Le récit du long sommeil d'Épiménide, tel que nous le lisons chez le paradoxographe Apollonios, ne dérive pas directement de Théopompe.

Nous avons dit qu'il est emprunté, ainsi que le contenu des chapitres consacrés aux personnages demi-légendaires du VII° et du VI° siècle avant J.-C., au recueil de prodiges (περὶ θαυμασίων) formé par Bôlos de Mendès à l'époque de Callimaque [2].

étaient prétendûment venus à Lacédémone pour faire cesser des épidémies.

[1] WILAMOWITZ, *Homer. Unters.*, p. 271. Cf. E. MEYER, *Rhein. Mus.*, XLII (1887), p. 90 et n. 4. Pour se rapporter à une époque plus ancienne, la tradition concernant Lycurgue et Thalétas n'est pas nécessairement antérieure à l'histoire d'Épiménide. On ne peut donc invoquer contre la réalité de l'intervention d'Épiménide à Sparte la ressemblance des récits de Plutarque relatifs à Épiménide et à Thalétas.

[2] Cf. *supra*, p. 17.

Comme M. Diels l'a fait remarquer [1], le début du traité d'Apollonios trahit une influence pythagoricienne : Épiménide, Aristéas, Hermotimos, Abaris et Phérécyde y sont considérés comme des précurseurs de Pythagore (τούτοις ἐπιγενόμενος). Cette disposition, suivant M. Diels, n'a d'autre auteur que Théopompe, à qui Bôlos l'aurait empruntée. Nous croyons plutôt que ce classement des hommes merveilleux antérieurs au philosophe de Samos provient de Bôlos lui-même surnommé quelquefois le Pythagoricien [2].

Cette tendance de donner à Pythagore des devanciers dont sa thaumaturgie efface la renommée, reparaît chez les néo-platoniciens du III° siècle après notre ère, avec cette différence remarquable que Pythagore est considéré par eux comme le maître de ses anciens prédécesseurs. Par le fait même, toute la chronologie se trouve bouleversée et Pythagore devient l'aîné de personnages qui lui sont antérieurs de plusieurs siècles [3].

Les biographes alexandrins.

Dans la transmission de la légende et de l'histoire d'Épiménide, l'unique rôle des compilateurs alexandrins paraît être de réunir les traditions antérieures. L'imagination romanesque d'Hermippe amplifie les données de ses sources et attribue au thaumaturge crétois

[1] DIELS, *Epimen. von Kreta*, o. c., p. 393.

[2] SUIDAS, s. v. Βῶλος cite deux auteurs de ce nom, l'un pythagoricien, l'autre, sectateur de Démocrite. Mais on admet généralement, d'après un passage de COLUMELLE, VII, 5, 17 qu'il y a là un dédoublement du seul écrivain de ce nom. Cf. *supra*, p. 17, n. 2.

[3] Cf. *infra*, pp. 84 s.

des détails que la tradition rapporte seulement de personnages analogues. C'est le seul des biographes du second siècle avant J.-C. dont les écrivains postérieurs nous aient conservé quelques extraits[1]. Le plus remarquable concerne la sobriété d'Épiménide : il se nourrissait, disait-on, d'une mixture de mauve et d'asphodèle, prise en quantités fort minimes[2]. Cette donnée doit son origine aux auteurs orphiques : la mauve servait aux repas des sectes orphiques et son emploi supposait l'abstinence de toute nourriture animale. Les membres de ces associations secrètes ont attribué la même pratique à Épiménide pour le compter au nombre des précurseurs de l'orphisme. Peut-être en était-il question dans l'ouvrage orphique des *Purifications* (Καθαρμοί) où le prophète était censé prêcher la sobriété et l'ascétisme ?[3]

La notice qu'Hermippe avait consacrée à Épiménide servit de modèle aux compilateurs postérieurs : Sotion d'Alexandrie, Satyros, Héraclide Lembos, Nicias de Nicée et en général, les auteurs de *Successions des Philosophes* (Διαδοχαὶ τῶν φιλοσόφων) ou de *Vies* (Βίοι) reproduisent les renseignements de leur prédécesseur[4]. La notice de Sotion eût été intéressante, parce qu'il cherchait à distinguer dans l'œuvre des philosophes les écrits authentiques des ouvrages apocryphes. Nous

---

[1] DIOGÈNE LAËRCE, I, 42. Cf. *supra*, p. 13 et n. 3. PROCLOS, commentaire sur *les Travaux* d'Hésiode, v. 41 (F. H. G. III, p. 40, fr. 18),

[2] Timée et Plutarque font aussi allusion à ce détail. Cf. *supra*, p. 65 s. et *infra*, p. 79.

[3] Cf. *infra*, pp. 129 s.

[4] Voir l'étude préliminaire, p. 20.

ignorons s'il avait étendu ces études à Épiménide.

Les travaux des chronographes alexandrins, particulièrement d'Ératosthène de Cyrène et d'Apollodore d'Athènes, fournirent maintes indications utiles à Diogène Laërce et à Suidas [1] ; mais leur précision ne doit pas faire illusion. Pour la date de l'arrivée d'Épiménide à Athènes, Apollodore qui consultait les Atthidographes ne pouvait être mieux informé qu'Aristote : s'il a fixé la purification d'Athènes à la 46e olympiade, la 46e, suivant Diogène Laërce, ou la 44e, d'après Suidas [2], c'est que le rapprochement d'Épiménide et de Solon impliquait l'une ou l'autre de ces dates.

Quant à la naissance d'Épiménide, elle fut fixée à la 30ᵉ olympiade d'après un calcul familier aux chronographes : la date de l'événement le plus célèbre de la vie (ἀκμή) étant admise, ils en déduisaient l'époque de la naissance.

Lobon d'Argos et Démétrios de Magnésie.

C'est à Lobon d'Argos et à Démétrios de Magnésie que nous devons la liste des ouvrages d'Épiménide. L'époque du premier auteur est incertaine; mais il est plus ancien que Démétrios, qui a, croyons-nous, reproduit ses indications fantaisistes [3]. Démétrios avait encore

[1] DIELS. *Untersuch. über Apollodors Chronika, Rhein. Mus.,* XXXI (1876), pp. 1 ss. G. F. UNGER, *Die Chronik des Apollodors, Philologus,* XLI (1882), pp. 602-651.

[2] BERNHARDY, dans son édition de Suidas, propose de corriger 44 en 46. E. ROHDE, après avoir admis cette correction (*Rhein. Mus.,* XXXIII, p. 208), a maintenu le texte des manuscrits (*Psyche,* II², p. 98, n. 1).

[3] Cf. *supra,* pp. 20 s., 25 s., 31 et *infra,* pp. 119 s.

prouvé qu'une lettre adressée à Solon et attribuée à
Épiménide était apocryphe ; la démonstration était aisée
puisque la lettre était en nouvel attique (Diogène
Laërce, I, 112).

L'indication la plus importante de la notice de Démétrios concerne les homonymes d'Épiménide. On ne peut
séparer non plus cette question de l'étude des écrits du
personnage; en effet, certains traités apocryphes qu'on
ne pouvait attribuer au prophète crétois ont nécessité
la supposition d'écrivains homonymes.

CHAPITRE V

LES ÉCRIVAINS DE LA PÉRIODE ROMAINE

A. *Les auteurs latins.*

Aux écrivains latins, le nom d'Épiménide rappelle son
sommeil merveilleux, ses prophéties ou ses purifications.

Varron.

Dans son traité sur *La langue latine*, Varron rapprochait
Épiménide du Teucer de Livius Andronicus qui, après
douze ans d'absence, n'avait plus été reconnu par les
siens. Il lui attribuait un sommeil de cinquante ans, alors
qu'une tradition plus ancienne et plus générale en fixait
la durée à cinquante-sept ans [1]. Varron connaissait sans
doute le récit de Théopompe; mais, citant le détail de
mémoire, il a écrit le chiffre rond 50 au lieu du nombre
précis 57.

---

[1] VARRON, *De lingua latina*, VII, 3 éd. A. SPENGEL, Berlin,
1885 : *Nec mirum, cum non modo Epimenides post annos quin-
quaginta experrectus, a multis non cognoscatur, sed etiam Teucer
Livii post annos duodecim ab suis qui sit ignoretur.*

Cicéron.

Cicéron range Épiménide parmi les prophètes qui n'usent pas de procédés techniques, mais dont les prédictions émanent directement de l'inspiration divine [1]. Cette caractéristique est exacte : Épiménide est un prophète inspiré, dont les oracles n'ont rien d'artificiel, qu'ils émanent des nymphes, de Zeus ou d'Apollon.

Dans son traité des *Lois* (II, 11, 28), Cicéron rapporte que lors de l'expiation du sacrilège cylonien, Épiménide conseilla aux Athéniens d'élever un sanctuaire à la Violence *(Contumelia)* et à l'Impudence *(Impudentia)*.

Ce détail est peut-être emprunté au traité homonyme de Théophraste : celui-ci y mentionne l'existence à Athènes d'autels de la Violence et de l'Impudence ou plutôt de l'Implacabilité [2]. L'inexactitude de la traduction latine *(fanum)* ne nous défend pas d'admettre un rapport entre les deux textes; au surplus, Cicéron a pu voir ces deux autels, lors de son séjour en Attique. A l'époque de Pausanias (I, 28, 6), on montrait à Athènes deux blocs de pierre, l'un de la Violence et l'autre de l'Impudence, sur lesquels s'asseyaient jadis les accusés et les accusateurs devant le tribunal de l'Aréopage. Peut-être avec le temps ces blocs avaient-

---

[1] CICÉRON, *De divinatione*, I, 18, 34. La même distinction entre les deux espèces de mantique se trouve dans un passage célèbre de PLATON, *Phèdre*, 244.

[2] ZENOBIOS, 4, 36 (*Paroemiographi graeci*, edd. LEUTSCH et SCHNEIDEWIN, Göttingue, 1839) I p. 94 : Φησὶ Θεόφραστος ἐν τῷ περὶ Νόμων, Ὕβρεως καὶ Ἀναιδείας παρὰ τοῖς Ἀθηναίοις εἶναι βωμούς. — ISTROS (chez Suidas s. v. θεὸς ἡ Ἀναίδεια) parle d'un ἱερόν Ἀναιδείας. — CLÉMENT D'ALEXANDRIE, *Cohortatio ad gentes*, c. 2 (MIGNE, I, p. 96) parle de βωμοί comme Théophraste.

ils été regardés comme de vénérables fétiches, et la croyance populaire y avait-elle rattaché l'idée d'autel de sanctuaire [1] ? Ainsi s'expliqueraient les divergences des auteurs. Remarquons d'ailleurs que Cicéron est seul avec Clément d'Alexandrie à rattacher le nom d'Épiménide à l'histoire des monuments de la Violence et de l'Impudence. L'origine de cette tradition pourrait s'expliquer par le voisinage du monument de Cylon (Κυλώνειον). qui avait perpétué le souvenir du massacre des Cylonides.

Valère Maxime et Pline.

Les renseignements de Valère Maxime et de Pline concernent la longévité et le sommeil merveilleux d'Épiménide [2]. Comme ces auteurs utilisent le récit de Théopompe, ils ne nous fournissent aucune donnée nouvelle. De même que le paradoxographe Apollonios, Pline rapproche Épiménide d'Hermotimos et d'Aristéas de Proconnèse, dont l'âme jouissait de la faculté de quitter le corps pour y rentrer après un long voyage. Le naturaliste rattache ainsi le sommeil d'Épiménide aux phénomènes de mort apparente.

Il connaît encore la tradition, rapportée par Théopompe, d'après laquelle Épiménide aurait vécu cent cinquante-sept ans.

B. Les auteurs grecs.

Diodore de Sicile.

Parmi les auteurs auxquels il emprunte l'exposé de

---

[1] WRIGHT, *The date of Cylon*, p. 67, n. 1.

[2] VALÈRE MAXIME, VIII, 13, 5. — PLINE, *Natur. Hist.* VII, 48 (154) et VII, 52 (175). Cfr. *supra*, pp. 15 s.

l'histoire mythique de la Crète, Diodore de Sicile cite Épiménide " le théologue „ (ὁ θεόλογος) [1].

Avait-il sous ce nom voulu désigner le purificateur crétois ou cette appellation de " théologue „ servait-elle à distinguer un personnage différent du premier ? C'est ce que nous ignorons. Mais il paraît bien que l'ouvrage qu'il utilisait ne pouvait être une *Théogonie* d'Épiménide l'ancien. Ses analogies nombreuses avec la *Théogonie* d'Hésiode et le caractère général de l'exposé révèlent que l'ouvrage est de date tardive et qu'il a subi l'influence de l'évhémérisme [2].

Strabon.

Le renseignement de Strabon est doublement précieux; il est le premier auteur qui considère Phaestos comme la ville natale d'Épiménide et un des rares écrivains qui mentionnent l'existence de son poème des *Purifications* [3].

La source de ces indications est vraisemblablement Apollodore [4]; son commentaire *Sur le catalogue des vaisseaux* dans l'*Iliade*, avait été mis à profit par Strabon, aux livres VIII, IX et X. En commentant le vers de

---

[1] DIODORE DE SICILE, V, 80, 4 (éd. VOGEL): τοῖς γὰρ τὰ πιθανώτερα λέγουσι καὶ μάλιστα πιστευομένοις ἐπηκολουθήσαμεν, ἃ μὲν Ἐπιμενίδῃ τῷ θεολόγῳ προσχόντες, ἃ δὲ Δωσιάδῃ καὶ Σωσικράτει καὶ Λαοσθενίδᾳ.

[2] E. BETHE, *Hermes*, XXIV (1889), pp. 405 ss.

[3] STRABON, *Geograph.*, X, 4, 14 (479) (éd. A. MEINEKE): Ἐκ δὲ τῆς Φαιστοῦ τὸν τοὺς καθαρμοὺς ποιήσαντα διὰ τῶν ἐπῶν Ἐπιμενίδην φασίν εἶναι.

[4] Cf. *supra*, p. 74, et SCHWARTZ, dans PAULY-WISSOWA *s. v. Apollodor*, I, 2867.

l'Iliade (B 648) Φαιστόν τε 'Ρύτιόν τε... Apollodore rapportait sans doute qu'Épiménide était natif de Phaestos et qu'il avait composé des *Purifications*.

Plutarque.

De tous les auteurs qui citent Épiménide, Plutarque est celui qui y fait le plus souvent allusion : il ne lui consacre pas seulement un chapitre de la *Vie de Solon* (c. 12), il le mentionne encore dans plusieurs de ses traités de morale [1].

Le récit qui, dans la biographie de Solon, concerne Épiménide offre des analogies assez nettes avec celui de Diogène Laërce pour admettre que les deux écrivains ont eu un auteur commun, Hermippe, utilisé directement par le premier et connu de seconde ou de troisième main par Diogène [2]. Plutarque rapporte notamment avec plus de détail que Diogène, les réformes religieuses accomplies par Épiménide à Athènes.

Les autres détails sont empruntés à la tradition générale et nous sont connus par les écrivains antérieurs. Ce sont des allusions au sommeil merveilleux, au désintéressement et à la sobriété extraordinaire d'Épiménide ou bien encore à ses prophéties et à ses purifications.

La donnée de la purification de Délos par Épiménide que Plutarque seul rapporte, mais qui concorde avec une indication, assez vague, il est vrai, de Pausanias (I, 14, 4),

---

[1] PLUTARQUE, *Banquet des Sept Sages*, p. 157 D, chap. 14 (éd. BERNARDAKIS, I, pp. 385 ss.) *De Defectu oraculorum*, ch. 1 (BERN., III, p. 69). *An seni respublica gerenda*, I, 12 (BERN. V, p. 23). *Praec. ger. reip.* 26 (BERN., V, p. 115). *De facie in orbe lunae*, 25 (BERN., V, p. 457).

[2] Cf. *supra*, pp. 27 ss. et 52 ss.

dérive peut être du souvenir d'événements semblables qui eurent lieu dans cette île au VI° et au V° siècle avant notre ère [1].

Pausanias.

Au second siècle de notre ère, le souvenir d'Épiménide est encore vivace en plusieurs endroits de la Grèce. De nombreuses traditions locales rattachaient son nom à divers monuments d'Athènes, d'Argos et de Sparte. Ces rapprochements sont évidemment peu sûrs au point de vue historique; mais l'exactitude de Pausanias, qui les rapporte, mérite créance, même si l'on n'a guère retrouvé de traces des édifices qu'il signale. On a pu lui montrer à Athènes une statue d'Épiménide, à Argos le monument que les habitants de la ville considéraient comme son tombeau, à Sparte les édifices à l'histoire desquels la tradition le mêlait [2].

Le périégète fait allusion aux purifications d'Épiménide et à son long sommeil; la tradition qu'il a suivie fixe de la durée de ce dernier à quarante ans, chiffre qui ne nous est pas connu d'ailleurs. Elle provient peut être de personnes qui, ne connaissant pas le nombre généralement admis, sachant seulement qu'il était considérable, en auront choisi un qui désigne fréquemment chez les Grecs une quantité indéterminée [3].

Pausanias nous a encore conservé une opinion empruntée à la théogonie apocryphe d'Épiménide [4].

[1] HÉROD., I, 64. THUCYD., I, 8; III, 104. Cf. *supra*, p. 48, n. 5.
[2] PAUSANIAS, I, 14, 3, II, 21, 4, III, 11, 7, IV, 12, 9. Cf. p. 70.
[3] PAUSANIAS, I, 14, 3 note de l'éd. HITZIG, Berlin, 1897.
[4] PAUSANIAS, VIII, 18, 2.

Lucien et Alciphron.

La double allusion de Lucien de Samosate au sommeil d'Épiménide indique que ce détail légendaire était passé en proverbe; pour indiquer que quelqu'un avait dormi longtemps, on disait que son sommeil avait duré plus que celui d'Épiménide [1]. C'est dans le même esprit que le rhéteur Alciphron cite le nom du prêtre crétois [2].

CHAPITRE VI

LA LITTÉRATURE CHRÉTIENNE

Les auteurs chrétiens connaissent et mettent à profit la légende d'Épiménide, ainsi que les ouvrages qu'on lui attribuait.

Dans son *Épître à Tite* (I, 12), l'apôtre Saint-Paul rapporte une apostrophe virulente d'Épiménide, qualifiant les Crétois d'éternels menteurs, de bêtes malfaisantes et de ventres paresseux (Κρῆτες ἀεὶ ψεῦσται, κακὰ θηρία, γαστέρες ἀργαί). Ce vers, qui trahit l'influence d'Hésiode (*Théog.* v. 26), est emprunté, croyons-nous, au poème des *Purifications*, que les Orphiques attribuèrent à Épiménide [3].

Le sommeil merveilleux du thaumaturge permet à Tertullien de reléguer le personnage dans le domaine de

----

[1] LUCIEN, *Timon*, 6 (éd. JACOBITZ, I, p. 35 s) *id.*, *l'Incrédule*, 26 (éd. JACOBITZ, III, p. 113).

[2] ALCIPHRON, *Lettres*, III, 38, 2 (éd. MEINEKE, 1853).

[3] St PAUL, *Épître à Tite* I, 12 (éd. TISCHENDORF, Leipzig, 1872): Εἶπέν τις ἐξ αὐτῶν ἴδιος αὐτῶν προφήτης · " Κρῆτες ἀεὶ ψεῦσται, κακὰ θηρία, γαστέρες ἀργαί „. Ἡ μαρτυρία αὕτη ἐστὶν ἀληθής. Cf. CLÉMENT D'ALEXANDRIE, *Stromates*, I, 1 (éd. MIGNE, I, p. 758.) Cf. pp. 117 s.

la fable [1]. Pour établir, au contraire, la possibilité des
miracles, Clément d'Alexandrie reprend l'opinion de
Platon que nul auteur n'avait jusqu'ici adoptée [2]. Il
affirme même plus catégoriquement que Platon que les
sacrifices d'Épiménide reculèrent les guerres médiques
de dix ans.

Remarquons encore que Clément d'Alexandrie et
Tatien rangent Épiménide à côté de l'Hyperboréen
Abaris et d'Aristéas de Proconnèse [3]. Bien plus, le second,
voulant prouver que Moïse est plus ancien qu'Homère,
recule Épiménide au delà du poète ionien et le range à
côté de héros mythiques, tels que Linos, Musée,
Orphée, la Sibylle et d'autres encore; puis, il place le
législateur hébreu avant ce groupe de personnages.

Clément d'Alexandrie semble, au même endroit des
Stromates, avoir subi une influence pythagoricienne :
énumérant les prophètes les plus fameux de l'antiquité,
il place en tête Pythagore " le Grand „ (ὁ μέγας) et lui
donne comme acolytes Abaris, Aristéas, Épiménide,
Zoroastre, Empédocle et Phormion de Laconie. C'est
une ancienne tradition mise en honneur par les premiers
romanciers du pythagorisme, Héraclide Pontique et
Aristoxène de Tarente [4].

---

[1] TERTULLIEN, *De anima*, 44 (éd. MIGNE, II, pp. 768).

[2] CLÉMENT D'ALEXANDRIE, *Stromates*, VI, 3 (éd. MIGNE, II,
p. 247). PLATON, *Lois*, I, 642 D. Cf. *supra*, pp. 43 ss. La donnée de
Clément d'Alexandrie dérive sans aucun doute de Platon; car
l'auteur chrétien rapporte au même passage la légende de Diotima
de Mantinée que Platon avait narrée dans le *Banquet*, 201 D.
On sait d'ailleurs l'influence exercée par la philosophie platonicienne sur l'auteur des *Stromates*.

[3] CLÉMENT D'ALEXANDRIE, *Stromates*, I, 21 (éd. MIGNE, I,
p. 868). TATIEN, *orat. ad Graecos*, 41 (éd. SCHWARTZ, p. 41).

[4] Cf. *supra*, p. 51.

Clément d'Alexandrie et Tatien rapportent encore la
visite d'Épiménide à Sparte et le premier, d'accord
avec Cicéron, lui attribue la consécration à Athènes des
autels de la Violence et de l'Impudence [1].

Au même passage, Clément donne à Épiménide le surnom d'ancien (ὁ παλαιός). Il est peu probable que cette
épithète serve à le distinguer d'un homonyme postérieur.
En effet, Clément d'Alexandrie n'a pu accepter l'opinion
de Tatien qui place Épiménide avant Homère, puisqu'il
admet la donnée de Platon et les rapports d'Épiménide
avec Pythagore.

CHAPITRE VII

Maxime de Tyr, Porphyre et Jamblique

Le sophiste Maxime de Tyr nous a laissé une interprétation intéressante d'un des détails les plus curieux
de la légende d'Épiménide.

D'après lui, le sommeil de plusieurs années (ἔτη συχνὰ)
dans la caverne de Zeus, pendant lequel le prophète
avait été en rapport avec les dieux et avait reçu leurs
inspirations, était une fiction d'Épiménide lui-même qui
aurait voulu indiquer que la vie terrestre était pour
l'âme humaine un sommeil ou un rêve de longue durée [2].

---

[1] Clément d'Alexandrie, Cohort. ad gentes, c. 2, § 7 (éd.
Migne, I, p. 96). Cf. supra, pp. 76 s.

[2] Maxime de Tyr, Dissertat. XVI, 1. éd. Dübner, Didot, 1860.
Εἰ αἱ μαθήσεις ἀναμνήσεις. — Ἀφίκετό ποτε Ἀθήναζε Κρὴς ἀνὴρ,
ὄνομα Ἐπιμενίδης, κομίζων λόγον, οὑτωσὶ ῥηθέντα, πιστεύεσθαι χαλεπόν·
ἐν τοῦ Διὸς τοῦ Δικταίου τῷ ἄντρῳ κείμενος ὕπνῳ βαθεῖ ἔτη συχνά,
ὄναρ ἔφη ἐντυχεῖν αὐτὸς θεοῖς καὶ θεῶν λόγοις, καὶ ἀληθείᾳ καὶ δίκῃ.
Τοιαῦτα ἄττα διαμυθολογῶν ᾐνίττετο, οἶμαι, ὁ Ἐπιμενίδης, ὡς ἄρα ὁ

Le sophiste platonicien met évidemment ici sous l'autorité d'un nom célèbre une des opinions les plus caractéristiques de sa doctrine.

Il rapporte aussi l'histoire de la purification d'Athènes. D'accord, du moins partiellement avec Diogène Laërce (I, 110), il admettait que les causes de l'intervention d'Épiménide furent la peste et la discorde [1].

Les deux auteurs néo-pythagoriciens Porphyre et Jamblique ne connaissent que la thaumaturgie d'Épiménide et, suivant eux, il la doit à l'enseignement de Pythagore [2]. De même qu'Empédocle possédait le surnom de *Paravent* ('Αλεξάνεμος) [3] et Abaris, celui de *Voyageur aérien* (Αίθροβάτης), de même Épiménide avait reçu parmi les représentants du pythagorisme, l'épithète de *Purificateur* (Καθαρτής). Ce surnom caractérise justement le personnage; mais faire de lui le disciple de Pythagore, c'est placer le VIIe siècle avant J.-C. après le VIe. Nous avons là un exemple de la liberté avec laquelle les auteurs néo-pythagoriciens traitent la chronologie : ils subordonnent au fondateur de leur doctrine des personnages qui l'ont précédé pour pouvoir réunir en lui les dons divers que la légende attribue aux autres thaumaturges [4]. Il est douteux qu'Héraclide Pontique ait déjà

ἐν γῇ βίος ταῖς τῶν ἀνθρώπων ψυχαῖς ὀνείρατι ἔοικε μακρῷ καὶ πολυετεῖ. Cf. id., dissertat. XXXVIII, 3.

[1] Id., diss. XXXVIII, 3 : τὴν Ἀθηναίων πόλιν κακουμένην λοιμῷ καὶ στάσει διεσώσατο ἐκθυσάμενος. Cf. *supra*, p. 23.

[2] PORPHYRE, *Vie de Pythagore*, § 29, JAMBLIQUE, *Vie de Pythagore*, § 6, § 104, § 135, § 221 s. Cf. *supra*, p. 39 et n. 2.

[3] Empédocle avait reçu ce surnom à la suite de l'histoire des vents étésiens. Cf. BIDEZ, *Biogr. d'Empéd.*, pp. 43 s.

[4] BIDEZ, *o. c.*, p. 42 : « Lorsqu'il s'agit de Pythagore, il n'y a pas lieu de s'étonner d'aucune invraisemblance chronologique ».

placé Épiménide au nombre des disciples de Pythagore.
Il le considérait plutôt comme un devancier du philosophe.

Jamblique rapporte encore une légende qu'on ne lit
que chez lui : Épiménide menacé de mort, aurait obligé
les gens qui voulaient le tuer à tourner leurs armes
contre eux-mêmes, après qu'il eût invoqué les Érinyes
et les Dieux Vengeurs [1]. Ce trait merveilleux a probablement été inventé par Apollonios de Tyane, le grand
thaumaturge pythagoricien des débuts de notre ère,
pour rendre plus digne de foi une anecdote analogue
dont Pythagore était le héros [2]. Si le disciple de Pythagore, Epiménide avait su se débarrasser miraculeusement
de ses ennemis, à plus forte raison le maître avait-il dû
posséder le même pouvoir.

Jamblique fait sans doute allusion à un auteur de
généalogies, lorsqu'il cite l'opinion d'Épiménide sur la
naissance de Pythagore [3].

CHAPITRE VIII

LES LEXICOGRAPHES ET LES SCHOLIASTES

L'article de Suidas est un exposé succint de la vie

---

[1] JAMBLIQUE, *Vie de Pythagore*, § 222.

[2] E. ROHDE, *Rhein. Mus.*, XXVII (1872), pp. 54 s. — JAM-
BLIQUE, *l. c.*, rapporte que le tyran Phalaris avait péri dans une
émeute soudaine le jour même où il voulait faire mettre à mort
Pythagore et Abaris.

[3] JAMBLIQUE, *Vie de Pythag..* § 6. Cf. ROHDE, *Rhein. Mus.*,
l. c., p. 24.

d'Épiménide [1]. La seule omission importante concerne
les prophéties. Si l'on compare la *Vie dÉpiménide*
de Diogène Laërce avec l'article biographique de
Suidas, on remarquera une grande analogie entre les
deux textes pour ce qui regarde la parenté et les
ouvrages d'Épiménide, mais aussi des différences caractéristiques tant pour la date et la cause de la purification
d'Athènes que pour la longévité du personnage et la
durée de son sommeil.

Nous croyons donc impossible de considérer Diogène
Laërce comme la source d'Hésychius, l'auteur de la
notice biographique de Suidas, même si Hésychius a
dépouillé une édition de Diogène Laërce plus complète
que la nôtre, ce qui n'est pas démontré [2].

Pour expliquer les analogies et les divergences signa-
lées plus haut, il faut, comme l'ont admis Nietzsche,
MM. Maass et de Wilamowitz, supposer une source
commune aux deux auteurs et utilisée différemment par
chacun d'eux [3].

---

[1] SUIDAS (éd. BERNHARDY), s. v. Ἐπιμενίδης. — M. FLACH,
Hesychii Milesii onomatologi quae supersunt, Teubner, 1882,
s. v. Ἐπιμενίδης, a essayé sans succès de retrouver sous le texte
de Suidas, l'article primitif de son auteur, Hésychius. —
Cf. KRUMBACHER, *Geschichte der byzantinischen Litteratur*,
2e éd. Munich (Handb. Iw. Müller), 1897, pp. 566 s.

[2] E. MAASS, *De biographis graecis quaest.*, pp. 114 ss.

[3] NIETZSCHE, *Rhein. Mus.*, XXIV (1869), p. 224, suppose que
cette source commune est Démétrios de Magnésie, connu de
Diogène Laërce grâce à des auteurs intermédiaires. — DIELS,
Rh. Mus., XXXI, p. 30, n. 1, est à peu près du même avis. —
E. MAASS, *l. c.*, croit que cette source est Favorinus. — WILA-
MOWITZ, *ibid.* p. 148 émet une opinion plus prudente et plus
probable : " la source d'Hésychius est l'auteur dont les extraits
ont servi, avec Favorinus, aux biographies de Diogène Laërce ».
Cf. *supra*, pp. 15 s.

Dans un autre article, au mot διεκπατῆσαι [1], Suidas
nous a conservé un renseignement que nous lisons déjà
chez Diogène Laërce (I, 111). La seule différence est
l'emploi du verbe διεκπατῆσαι au lieu de ἐκπατῆσαι qui se
trouve chez Diogène : cette différence pourrait encore
s'expliquer par l'hypothèse d'une source commune.

Les scholiastes.

Parmi les nombreuses scholies qui rapportent quelque
détail relatif à Épiménide, il n'y a guère qu'une remarque
de Servius, le commentateur de Virgile, qui mérite
mention. Elle nous fait connaître l'opinion d'Aristote sur
l'homonyme athénien du purificateur crétois [2].

CONCLUSION

Si nous saisissons dans une vue d'ensemble l'histoire
de la tradition que nous venons d'examiner, nous remarquerons que dès le VIe siècle avant notre ère, les
détails fabuleux se mêlent à l'histoire d'Épiménide.
Les Atthidographes consignent dans leurs chroniques
le souvenir de la purification d'Athènes et rapprochent
Épiménide du législateur Solon.

Théopompe recueille les principaux traits de la
légende, tandis qu'Aristote représente plutôt la tradition historique.

---

[1] SUIDAS, s. v. Διεκπατῆσαι. Τοῦ πάτου παρεξελθεῖν. Λέγουσιν Ἐπιμενίδην χρόνον ἕνα διεκπατῆσαι, ἀσχολούμενον περὶ ῥιζοτομίαν.

[2] SERVIUS, ad Virgilium, Georg. 1, 19 : vel Epimenides (signi-
ficatur) qui postea Buzyges dictus est secundum Aristotelem
(= Arist. fragm. coll. ed. V. ROSE, 1886, fr. 386). Cf. infra,
pp. 112 s.

Héraclide Pontique et Bôlos de Mendès rangent
Épiménide à côté des thaumaturges du VII° siècle avant
notre ère et en font un précurseur de Pythagore.

Hermippe systématise les données des écrivains antérieurs et met en relief les rapports du personnage avec
le fondateur de la démocratie athénienne.

Après lui, de l'histoire d'Épiménide, on retient surtout
le caractère surnaturel ; les auteurs latins, les représentants de la littérature chrétienne et les écrivains
néo-pythagoriciens n'ont conservé que le souvenir du
thaumaturge. La plupart d'entre eux le classent à côté
d'Abaris, d'Aristéas et d'Hermotimos, et le considèrent
comme un disciple de Pythagore.

DEUXIÈME PARTIE

BIOGRAPHIE D'ÉPIMÉNIDE

CHAPITRE I

LA PATRIE ET L'ORIGINE D'ÉPIMÉNIDE

L'histoire de la Crète avant le sixième siècle n'est guère mieux connue que celle des autres parties du monde hellénique. Elle repose, en grande partie, sur des légendes qui ont considérablement déformé la vérité historique. Les fouilles entreprises récemment à divers endroits de l'île permettront de compléter les données des auteurs anciens et d'établir avec plus de précision différents faits de l'histoire crétoise [1]. Comme la plupart des îles de la mer Égée, la Crète fut, suppose-t-on, occupée à l'époque préhistorique par une population carienne, apparentée aux habitants de la côte occidentale de l'Asie Mineure. Les monuments et les tombeaux mis au jour rappellent le style mycénien par leur technique, leur forme et leur contenu. Or, la culture mycénienne qui s'est répandue au XIV⁰ siècle sur toute la côte orientale de la Grèce et dont on retrouve un écho dans les poèmes homériques [2],

---

[1] KÖHLER, *Ueber Probleme der griechischen Vorzeit*, Sitzungsber. der Berl. Akad. 1897, pp. 258-274. — EVANS, *Classical Review*, mai-juin 1900.

[2] La description de la Crète dans l'épopée révèle une prospérité que peu de contrées helléniques avaient su atteindre.

avait subi l'influence de l'Assyrie et de l'Égypte. Il est
évident que les éléments de l'art oriental parvenus en
Grèce par la voie maritime, y sont arrivés particulièrement en passant par la Crète [1]. L'île n'échappa point au
bouleversement qu'occasionna dans le monde hellénique
l'émigration des tribus doriennes. Des Achéens chassés
du Péloponnèse se réfugièrent dans les îles de la mer
Égée et se mêlèrent à l'ancienne population. Plus tard les
Doriens pénétrèrent en Crète et mirent fin à la puissance maritime que la légende rattache au roi Minos, et
dont des découvertes toutes récentes nous ont révélé la
richesse et l'éclat; l'arrivée des Doriens dut marquer ici
un recul de la civilisation, aussi bien que dans le
reste de la Grèce [2]. Au IXe siècle, la fusion des anciens
habitants et de l'élément vainqueur n'était pas encore
achevée; cependant dès lors la nationalité et la langue
dorienne furent prépondérantes. Argos, la métropole
de la plupart des établissements doriens en Crète, y avait
introduit le culte d'Apollon; mais de nombreuses pratiques de l'ancien culte continuaient à être en honneur :

Idoménée et les Crétois jouent un rôle important dans la guerre
de Troie (Iliade A 145. Cf. Odyssée, τ 172 ss.). — WILAMOWITZ,
Homer. Unters., p. 269, n. 4 conteste cette tradition. Cf. *id.
Arist. u. Ath.*, II, pp. 25 s.

[1] PERROT et CHIPIEZ, *Histoire de l'Art dans l'Antiquité*, VI
(1894), p. 451. " Plus rapprochée que le Péloponnèse de l'Égypte,
de la Phénicie et de Cypre, la Crète a dû ressentir l'influence des
arts de l'Orient avant que celle-ci parvint jusqu'aux rivages de la
péninsule hellénique. Elle était sur la route des expéditions
maritimes et du commerce international. „

[2] ERN. CURTIUS, *Griech. Gesch.* I[6], p. 163. — E. MEYER,
Geschichte des Alterthums, II 1893) § 178 (fin) voudrait placer
cette puissance maritime de la Crète *après* l'invasion dorienne,
contrairement à la tradition générale. Cette opinion nous parait
peu probable.

la déesse Rhéa, autre Cybèle entourée des Corybantes
et le Zeus de Dicté étaient encore adorés dans beaucoup
de sanctuaires de la plus haute antiquité [1].

Isolée de la péninsule dès le VIIIᵉ siècle, la Crète
avait également gardé intact un fonds de légendes très
anciennes qui avait disparu sur le continent. Cette
circonstance lui permit de maintenir sa réputation
religieuse dont les origines étaient antérieures à l'invasion dorienne; elle fut considérée comme le plus
célèbre foyer de cathartique et de divination.

Les légendes de la purification d'Apollon, souillé par
le meurtre du serpent Python, ainsi que celle du devin
Thalétas, que Lycurgue aurait fait venir à Sparte, nous
montrent qu'Épiménide avait eu des devanciers comme
purificateur et comme prophète. Il devait surpasser leur
renommée, grâce à la purification d'Athènes [2].

Les auteurs anciens admettent tous que le purificateur
Épiménide était Crétois; mais ils ne sont pas d'accord
sur le nom de sa ville natale. D'après Théopompe et
Pausanias, cette ville est Cnosse [3]; suivant Strabon et
Plutarque, c'est Phaestos [4]. Cette divergence d'opinions
s'est reproduite chez les modernes : Heinrich [5] se pro-
nonce pour la première ville, en invoquant la majorité

---

[1] E. MEYER, o.c., I (1884) §§ 252 s. II § 152. — IMMISCH dans
ROSCHER, Lexik. der gr. u. rö n Myth. s. v. Kureten, II, 1587 ss.;
voir surtout 1593-1597.

[2] BOUCHÉ-LECLERCQ, Hist. de la Div., II, pp. 95 ss.
E. ROHDE, Psyche, I², p. 128, II², p. 90.

[3] Théopompe chez VALÈRE MAXIME, VIII, 13, 5, PLINE, VII,
48 (151) et 52 (175) et DIOGÈNE LAËRCE, I, 109. Cf. SUIDAS, s.v.
Ἐπιμενίδης. PAUSANIAS, I, 14, 4.

[4] STRABON, Géogr. X, 4, 14 et PLUTARQUE, Solon, c. 12.

[5] HEINRICH, Epimenides aus Kreta, Leipzig, 1801, p. 12.

des témoignages et la tradition qui rapporte la conclusion d'une alliance entre Athènes et Cnosse. Schultess [1]
choisit Phaestos parce que cette localité n'eut jamais
l'importance de Cnosse et que, pour cette raison, le
remplacement de Cnosse par Phaestos est moins expli-
cable que le contraire.

Comme plus de deux siècles séparent Épiménide de
Théopompe, le premier témoin en cette matière, il vaut
mieux imiter la réserve de Platon et d'Aristote qui
donnent au personnage la simple qualification de
" Crétois „ (ὁ Κρής) ; il est trop facile de recourir à une
hypothèse qui mettrait d'accord les auteurs anciens et
expliquerait la diversité des traditions : Épiménide serait
né à Phaestos et aurait résidé à Cnosse [2].

La famille du personnage n'est pas mieux connue.
Les uns le disent fils de Phaestios, les autres d'Agésar-
chos ou de Dosiadès [3]. Au reste, le nom de son père
fût-il historiquement établi, l'intérêt en serait médiocre,
puisque nous ne savons rien de sa vie. Remarquons
seulement que le nom Phaestios dérive peut-être du
nom de sa ville natale [4], et que Dosiadès est précisément
le nom d'un historien crétois que Diodore de Sicile cite
en même temps qu'Épiménide " le théologue „ (ὁ θεόλογος) [5].
Le mot Βώλου placé devant Ἐπιμενίδης chez le paradoxographe Apollonios indique la source du renseignement

[1] SCHULTESS, *De Epimenide Crete*, Bonn, 1877, p. 18. Cf.
HŒCK, *Kreta*, Göttingue, III (1829), pp. 246 s. et n. g).

[2] PAULY, *Real Encyclop.* III (1844), s. v. *Epimenides*.

[3] DIOGÈNE LAÊRCE I, 109; SUIDAS, s. v. Ἐπιμενίδης.

[4] SCHULTESS, *o. c.*, p. 18: D'après M. USENER (*Phil. Anz.* IX,
pp. 261 s.), le contraire est également possible.

[5] DIODORE DE SICILE, V, 80, 4.

et non la filiation du personnage, comme Barone et Tœpffer le prétendent encore [1].

Sa mère s'appelait Baltè ou Blastè, variantes d'un même nom [2]. Le caractère merveilleux du personnage et la protection que les nymphes lui auraient accordée expliquent comment on a pu faire de sa mère une de ces divinités [3].

Ce serait peine inutile de vouloir fixer avec quelque certitude l'année de la naissance d'Épiménide. Le seul témoignage précis provient de Suidas, le dernier auteur qui cite le personnage : γέγονε δὲ ἐπὶ τῆς λ' Ὀλυμπιάδος (ol. 30 = 656 av. J.-C.). L'interprétation de cette donnée est même peu certaine. E. Rohde a prétendu que le verbe γέγονε désigne ici, comme dans de nombreux articles du lexicographe, non pas la naissance du personnage, mais les années les plus remarquables de sa vie, l' ἀκμή [4]. L'emploi abusif que les chronographes alexandrins ont fait de synonymes peu clairs pour désigner la

[1] BARONE, *Epimenide di Creta*, p. 38. TŒPFFER, *Attische Genealogie*, p. 144. Cf. *supra*, p. 17 n. 1.

[2] Plutarque (*Solon*, c. 12) dit que c'était une nymphe. M. USENER, *l. c.*, croit qu'à l'origine ce nom était porté par la mère du héros Épiménide d'Athènes.

[3] D'après TŒPFFER, *l. c.*, les noms de Βῶλος et de Βλάστη symboliseraient uniquement les bienfaits d'Épiménide, héros de l'agriculture en Attique. Βῶλος personnifierait la motte de terre. Βλάστη désignerait la germination des semences et la croissance des fruits de la terre. Cf. id. dans PAULY-WISSOWA, s. v. *Buzyges*.

[4] E. ROHDE, *Rhein. Mus*, XXXIII, p. 208. Cfr. BUSOLT, *Griech. Gesch.* II², p. 211 note et *supra*, p. 74.

naissance et l'*akmè* [1] rend l'opinion d'E. Rohde fort
plausible, au point de vue grammatical. Mais comme
son argumentation repose sur l'indication de la longévité extraordinaire d'Épiménide, elle nous paraît peu
certaine. Rohde ne sait d'ailleurs quel événement aurait
pu décider un auteur ancien à placer à la 30ᵉ olympiade
l'*akmè* du personnage.

Sans vouloir entrer dans la longue discussion ouverte
sur ce point, nous signalerons l'hypothèse de Schultess [2]
qui met en rapport le texte de Suidas avec la donnée
de Platon d'après laquelle Épiménide serait venu
à Athènes en l'an 500. Le chiffre de Suidas aurait été
obtenu en ajoutant le nombre des années de la vie
d'Épiménide (157) au chiffre indiqué par Platon. Mais
celui-ci ne dit pas qu'Épiménide mourut en l'an 500, ce
que demanderait le calcul proposé [3].

En résumé, la chronologie d'Épiménide, compliquée
de bonne heure par les légendes de son sommeil de
cinquante-sept ans et de sa longévité extraordinaire, a
été arrangée par les biographes alexandrins d'après le
rapprochement du purificateur et de Solon (46ᵉ ol. = 596
av. J.-C.). Si Épiménide est venu à Athènes avant la
constitution de Dracon, comme nous l'avons admis [4],

[1] Cette incertitude est due en partie à la forme même qu'Apollodore d'Athènes avait donnée à son ouvrage de chronologie.
Comme il écrivait en trimètres ïambiques, il avait dû parfois
employer au lieu de ἐγεννήθη des mots tels que γεγένηται, γέγονε,
γίνεται, ἐγένετο, termes qui servaient également à désigner
l'*akmè* du personnage. Cf. DIELS, *Rh. Mus*, XXXI, p. 19.

[2] SCHULTESS, *o. c.*, p. 55. Cette opinion a été approuvée par
DIELS, *Sitzungsber. d. Berl. Akad*, 1891, p. 402, n. 1.

[3] ROHDE, *Rhein. Mus.*, XXXIII, p 208, n. 1. Cf. BUSOLT, *l. c.*

[4] Voir *supra*, p. 64.

nous devons placer sa naissance dans le premier quart
du septième siècle. En raison de son grand âge, il peut
ainsi être considéré à la fois comme le prédécesseur et
le contemporain des Sept Sages.

Diogène Laërce nous rapporte un détail relatif à la
physionomie d'Épiménide : il portait, paraît-il, une
longue chevelure qui donnait à ses traits un aspect
étrange et imposant [1]. Cette tradition provient du
type ordinaire prêté à de tels personnages.

CHAPITRE II

La Légende du long sommeil

Les biographes anciens sont fort explicites sur les
détails de l'événement extraordinaire dont l'enfance
d'Épiménide aurait été marquée [2]. Envoyé un jour par
son père à la recherche d'une brebis, il s'endormit dans
une caverne d'un profond sommeil qui dura cinquante-
sept ans. Il crut, à son réveil, qu'il avait peu dormi et
fut surpris de trouver complètement changé l'aspect des
choses qui l'entouraient Il n'en continua pas moins à
chercher sa brebis; ne la trouvant pas, il regagna la ville
où on lui demanda qui il était. Il réussit enfin à se faire
reconnaître par un de ses frères, devenu entre temps un
vieillard.

Ce récit merveilleux en rappelle plusieurs autres du
même genre parmi lesquels la légende des Sept Dormants

---

[1] DIOGÈNE LAËRCE, I, 109 : καθέσει τῆς κόμης τὸ εἶδος παραλ-
λάσσων.

[2] THÉOPOMPE chez APOLLONIOS, *Hist. Mirabiles*, c 1, PLINE,
Nat. Hist., VII, 52 (175) et DIOGÈNE LAËRCE, I, 109.

d'Éphèse et celle de l'empereur Frédéric Barberousse, endormi au Kyffhäuser sont les plus remarquables [1].

La plupart des légendes de long sommeil doivent leur origine à un tour universel de l'imagination populaire; mais en se localisant, elles revêtent une forme différente, suivant le goût des époques et le caractère de ceux qui les développent. Lorsque le peuple rattache ce thème d'un long sommeil à l'histoire d'un homme célèbre, c'est qu'il refuse de croire à la mort d'un héros qui lui est cher, d'un personnage disparu dans des circonstances étranges ou dans un pays lointain. Malgré les témoignages qu'on lui oppose, il garde la conviction que le héros reviendra et qu'il n'est qu'endormi. C'est de ce

---

[1] Pour ces légendes, v. J. KOCH, *Die Siebenschläferlegende, ihr Ursprung und ihre Verbreitung*, Leipzig, 1883. E. ROHDE, *Rhein. Mus.*, XXXV, pp. 157 s. WILAMOWITZ, *Euripides 'Hippolytos*, p. 224, n. 1. M. MAYER, dans ROSCHER, *Lexikon der gr. u. röm. Myth.*, s. v. *Kronos*, v. surtout pp. 1482 ss. — On peut retrouver dans notre folklore de nombreuses légendes de long sommeil. MARCELLIN LA GARDE, *Le Val· de l'Amblève*, 2e éd., Bruxelles, Parent, 1863, *Roulard le Toucheur*, pp 379-400, rapporte l'histoire d'un jeune homme qui, frappé et jeté dans un ravin par un mendiant à qui il a refusé l'aumône, s'endort le 16 octobre 1752 et se réveille le 17 octobre 1832. Interrogé, le jeune homme prétend s'être endormi la veille et raconte certains détails qu'un nonagénaire du pays regarde comme exacts. Celui-ci se souvient de sa disparition, mais refuse d'ajouter foi à son récit; car, dit-il, " dans quel pays garde-t-on jusqu'à cent ans cet air de jeunesse? „ (p. 394). A ce moment le jeune homme aperçoit par la fenêtre le mendiant par qui il dit avoir été ensorcelé. Il pousse un cri et tombe raide sur le sol ; " il se débattit dans d'affreuses convulsions qui donnèrent tout à coup à sa figure l'apparence de celle d'un vieillard ; quelques minutes après, il expirait „. Plusieurs personnes, dit Marcellin La Garde, assurent avoir assisté à cette scène et avoir vu dans la terre glaise où le jeune homme avait dormi quatre-vingts ans l'empreinte de son corps.

sentiment, surtout vivace aux époques de misère et de
tristesse, que découlent entr'autres la légende de Frédéric Barberousse, celle qui s'est formée dans certaines
couches du peuple sur Napoléon Ier et, de nos jours, les
traditions populaires de l'Autriche relatives à l'archiduc
Rodolphe.

On ne peut guère appliquer cette origine à la légende
d'Épiménide; les traditions sont, en effet, unanimes à
rapporter qu'Épiménide s'endormit dans son jeune âge [1].
Plusieurs auteurs anciens avaient naturellement nié la
réalité d'un aussi long sommeil; ils prétendaient qu'Épiménide avait vécu quelque temps dans la retraite en
s'occupant de cueillir des plantes médicinales [2]. Ce détail
biographique est peut-être exact, mais n'explique pas la
fiction d'un sommeil de cinquante-sept ans. Nous devons
en chercher le motif dans le caractère d'Épiménide qui
fut à la fois un devin et un purificateur et dans les
rapports du sommeil avec la divination. Dans l'état de
sommeil, l'âme libérée de la prison du corps manifeste
sa nature supérieure par des songes qui lui font voir
l'avenir. La crédulité populaire admettait que lorsque
le corps était endormi, l'âme des hommes privilégiés
recevait la visite d'un dieu qui lui communiquait
la connaissance des choses futures. Les cavernes étaient
les endroits les plus favorables à cette sorte d'inspiration, et la Grèce possédait plusieurs sanctuaires
où il suffisait de s'endormir pour avoir des songes pro-

[1] Les relations que nous avons conservées du sommeil d'Épiménide ne présentent entre elles que de légères divergences. Cf.
supra, p. 16.

[2] DIOGÈNE LAËRCE, I, 112 : Εἰσὶ δ' οἳ μὴ κοιμηθῆναι αὐτὸν
λέγουσιν, ἀλλὰ χρόνον τινὰ ἐκπατῆσαι, ἀσχολούμενον περὶ ῥιζοτομίαν.

phétiques ou jouir d'avantages analogues [1]. La plupart de ces grottes étaient prétendûment habitées par un dieu ou par un héros; et c'est à ce voisinage que les dormants devaient leurs privilèges [2]. La tradition courante ne nous dit pas si la caverne où Épiménide s'endormit, était consacrée à une divinité. Seul Maxime de Tyr prétend que ce fut dans la caverne du mont Dicté consacrée à Zeus [3], et cette identification toute naturelle doit être ancienne. Aux yeux de la foule, Épiménide avait acquis sa sagesse grâce à l'inspiration de Zeus, de même que le roi Minos devait la connaissance de ses lois aux confidences que ce dieu lui faisait dans son antre du mont Ida [4]. Il est fort naturel, en effet, qu'on ait considéré la divinité principale de la Crète comme l'inspiratrice du plus illustre représentant de la divination crétoise [5]. La légende du sommeil d'Épiménide serait donc une interprétation populaire du don de prophétie.

Cependant l'ingénieuse explication que M. Diels a proposée de l'origine de la légende du sommeil nous paraît aussi séduisante. Suivant lui, nous aurions affaire à une fiction de l'auteur des traités apocryphes attribués à

---

[1] L'antre de Trophônios, en Béotie, était particulièrement renommé. De même Asklépios révélait en rêve les moyens de se guérir aux malades qui dormaient dans son sanctuaire. Cf. DIELS, *Parmenides*, p. 20.

[2] E. ROHDE, *Rhein. Mus.*, XXXIII, p. 209, XXXV, pp. 157 ss.

[3] MAXIME DE TYR, dissert. XVI, 1. Cf. *supra*, p. 83.

[4] PLATON, *Minos*, p. 319 C. — HOMÈRE, *Odyss'e*, τ, v. 178 s. — MAXIME DE TYR, diss. XXXVIII, 2. — Cf M. MAYER, *l. c.*, E. ROHDE, *Psyche*, I², p. 128 et n. 2.

[5] Les rapports de Zeus et d'Épiménide apparaissent encore dans d'autres détails de sa biographie. Cf. *infra*, p. 102.

Épiménide [1]. Au début du traité des *Purifications*, le faussaire qui usurpait le nom du prophète crétois, racontait
comment il s'était endormi pendant plusieurs années dans
la caverne consacrée à Zeus; à la faveur de ce long
sommeil, son âme avait quitté le corps, s'était élevée au
ciel et avait reçu des dieux les enseignements qu'il
communiquait aux hommes dans son ouvrage des *Purifications* [2]. La relation de ce voyage céleste, que l'on
peut rapprocher de celui de Parménide, emporté par des
chevaux ailés jusqu'au temple de la Vérité et de la
Justice, formait peut-être le sujet principal du poème.
Cette fiction aura été prise à la lettre et sur ce canevas,
l'imagination populaire aura brodé les détails accessoires
que nous lisons chez Théopompe, tels que l'histoire de
la brebis égarée et la reconnaissance d'Épiménide par
son frère après une longue absence [3].

Mais la Crète, autant que l'Athènes des Pisistratides,

---

[1] DIELS, *Sitzungsber. d. Berl. Akad.* 1891, p. 401 et *Parmenides*, pp. 14 ss. Cf. WILAMOWITZ, *Eurip. Hippolyt.*, pp. 213 ss.

[2] SUIDAS, s. v. Ἐπιμενίδης : οὗ λόγος ὡς ἐξίοι ἡ ψυχὴ ὁπόσον
ἤθελε καιρὸν καὶ πάλιν εἰσῄει ἐν τῷ σώματι. MAXIME DE TYR, diss.
XVI, 1 : ὄναρ ἔφη (Ἐπιμενίδης) ἐντυχεῖν αὐτὸς θεοῖς καὶ θεῶν λόγοις.
D'après Diogène Laërce, I, 114, on prétendait qu'Épiménide
avait simulé de nombreuses résurrections (προσποιηθῆναι πολλάκις
ἀναβεβιοκέναι). Musée et Hermotimos de Syra·use avaient été les
héros d'aventures aussi merveilleuses. Cette idée du ravissement
de l'âme appartient au mysticisme orphique. Cf. GOMPERZ,
Griech. Denker, I, pp. 107 ss.

[3] RŒPER, *Philolog*, III, p. 47. Cf. id. *Philolog.*, XXX, p. 576 et
SCHULTESS, *o. c.*, p. 52, ont essayé d'expliquer le nombre 57 qui
correspond précisément à trois *ennéadekaétérides* (19 ans). Leurs
interprétations sont peu vraisemblables; nous devons cependant
admettre que les données de la durée du sommeil et de la
longévité sont corrélatives.

et peut-être avant elle, est la patrie de l'orphisme [1]. Il nous paraît vraisemblable que la Crète avait déjà inventé le détail merveilleux dont, suivant M. Diels, le faussaire athénien s'est habilement servi.

CHAPITRE III

LES PROPHÉTIES D'ÉPIMÉNIDE

L'époque homérique ne connaît que la divination augurale. Les devins doivent attendre que le dieu manifeste sa volonté par des signes extérieurs : ils interrogent les entrailles des victimes et le vol des oiseaux pour en déduire des présages. Ces moyens sont artificiels. La divination qui ne s'apprend point et qui est exempte de tout procédé technique, n'apparaît ni dans l'Iliade ni dans l'Odyssée. C'est surtout la religion de Dionysos, importée de Thrace, qui l'introduisit en Grèce [2]. Ce culte, tout de passion et d'enthousiasme, provoque chez ses adeptes une émotion religieuse qui surexcite à la fois les sens et l'imagination. A la faveur de cette exaltation, une union mystique s'établit entre le dieu et ses adorateurs. Mais il n'était pas donné à tous de jouir de ce rapprochement avec la divinité ; il fallait donc, entre celle-ci et la foule, des intermédiaires privilégiés à qui l'inspiration divine permît de communiquer aux fidèles les enseignements du dieu, de leur prédire les choses futures et de leur indiquer les moyens d'expier les fautes

------

[1] Cf. NAUCK[2], F. T. G., 472 et *supra*, p. 66, n. 4.

[2] Pour la caractéristique de l'état religieux de la Grèce au VIIe siècle avant J.-C., voir l'ouvrage capital d'E. ROHDE, *Psyche*, II[2], p. 1-187.

ignorées [1]. Chez ces hommes inspirés, il se produit un grand détachement de la vie corporelle, une sorte de vue directe et sans intermédiaire dans le monde spirituel. Comme les prophètes errants, les ascètes et les exorcistes des débuts du christianisme, ils n'ont d'autre titre pour exercer leur rôle religieux que leur persuasion intime d'être animés de l'esprit divin; cette conviction leur suffit pour s'emparer de l'esprit des foules superstitieuses. Épiménide est un de ces voyants : c'est à l'extase, à l'union avec la divinité qu'il doit son don de prévoir et d'annoncer l'avenir.

La tradition ne nous a conservé aucune allusion à des rapports d'Épiménide avec le culte de Dionysos [2]. Son exemple montre que la divination inspirée pouvait recevoir ses révélations d'autres divinités que du dieu de la Thrace, et qu'elle existait antérieurement à la diffusion de son culte. La patrie de Minos et de Rhadamanthe, de Thalétas et d'Épiménide fut de tous temps considérée en Grèce comme une école de science divinatoire [3].

Trois divinités différentes nous sont citées comme

[1] ROHDE, o. c., II², p. 63. — SCHŒMANN, *Griech. Altert.*, 4e éd. (1897), p. 170. Cf. *supra*, p. 76, n. 1.

[2] AUG. MOMMSEN, *Heortologie*, p. 62, croit cependant que les réformes religieuses d'Épiménide, à Athènes, s'étendirent au culte de Dionysos.

[3] La réputation des Crétois comme prophètes est encore attestée au IIIe siècle avant J. C. par l'épigramme suivante :

ἐνύπνια κρίνω τοῦ θεοῦ πρόσταγμα ἔχων.

Τύχἀγαθᾷ. Κρής ἐστιν ὁ κρίνων τάδε.

O. RUBENSOHN, *Das Aushängeschild eines Traumdeuters*, (dans *Festschrift Joh. Vahlen.... gewidmet*, Berlin, 1900, pp. 1 ss.). Cf. C. R. de HAEBERLIN, dans *Berl. Philol. Wochensch.*, 1901, c. 395.

inspiratrices d'Épiménide. De bonne heure, le prophète
crétois fut mis en rapport avec le culte des nymphes :
on disait qu'il avait reçu d'elles un aliment merveilleux
qui pris en quantité minime lui permettait de vivre,
" symbole assez palpable de l'aliment intellectuel que lui
fournit le délire prophétique envoyé par les nymphes „ [1].

Zeus, le dieu national de la Crète, le revendiquait au
nombre de ses serviteurs; occupé à élever un sanctuaire
aux nymphes, il aurait entendu, dit la légende, une voix
lui crier du ciel : " Épiménide! pas aux nymphes, mais à
Zeus. „ C'est dans l'antre de Zeus, au mont Ida ou au
mont Dicté [2], que la légende voulait qu'Épiménide eût
reçu, pendant son long sommeil, les révélations divines
qui lui permirent d'exercer son talent de prophète à
travers toute la Grèce. De plus, une tradition le range
parmi les Curètes, le regardant ainsi comme le descen-
dant do ceux qui avaient protégé l'enfance de Zeus;
c'est à la fois comme prêtre et comme prophète qu'Épiménide fut rattaché au culte de ce dieu [3].

Enfin Apollon lui-même, qu'Épiménide ne craint pas
de contredire, en contestant à l'oracle de Delphes le
titre de " nombril de la terre „, semble avoir présidé au
rôle de purificateur qu'il joua en Grèce [4]. Les rapports

---

[1] BOUCHÉ-LECLERCQ, *Hist. de la Divin.*, II, pp. 99 ss.

[2] DIOGÈNE LAËRCE, VIII, 3. MAXIME DE TYR, diss, XVI, 1.
La grotte du mont Ida était un lieu de pèlerinage ancien. Cf.
FABRICIUS, *Die Idäische Zeusgrotte*, Athen. Mittheil. X (1885),
pp 59 ss.

[3] PLUTARQUE, *Solon*, c. 12. DIOGÈNE LAËRCE, I, 115. Cf.
IMMISCH, dans ROSCHER, *Lexik. d. gr. u. r. Myth.* s. v. *Kureten*.

[4] PLUTARQUE, *De Defectu oraculorum*, c. 1. — DIOGÈNE
LAËRCE, I, 110 : ἔχρησεν ἡ Πυθία καθῆραι τὴν πόλιν. PLATON, *Lois*,
I, 642 D. Cf. *supra*, p 66 n. 2.

de la Crète avec Delphes sont d'ailleurs attestés par les plus anciennes traditions [1].

Quoi qu'il en soit de ces divers patronages, Cicéron définit exactement le caractère d'Épiménide en le considérant comme un représentant de cette divination merveilleuse, d'où les procédés techniques sont absents et qui paraît émaner directement de l'inspiration divine [2]. Mais sa caractéristique est incomplète. Aristote seul a justement remarqué qu'Épiménide appliquait plutôt son activité de devin (ἐμαντεύετο) aux événements passés qu'aux choses futures [3]. Chez lui, en effet, le rôle de prophète est subordonné à celui de purificateur. " Entre ses mains, dit M. Bouché-Leclercq, la divination n'avait pas tant pour but de dévoiler l'avenir que de découvrir dans le passé les fautes ignorées dont les malheurs présents étaient la conséquence „ [4]. C'est à peu près dans ces termes que Platon définit la μανία prophétique dans son fameux passage du *Phèdre* (p. 244). En ce sens, chez Épiménide, le prophète est au service du purificateur.

Épiménide avait-il fait de véritables prédictions? Comme la plupart de ses pareils, il a dû souvent formuler ses conseils dans des termes obscurs et amphibologiques, en style d'oracle qui permettait diverses interprétations. Nous retrouvons un souvenir de cette

---

[1] Hymne à Apollon Pythien, v. 91, 104, 260 s. Le culte apollinien compte parmi ses propagateurs des thaumaturges analogues à Épiménide, tels que l'Hyperboréen Abaris et Aristéas de Proconnèse.

[2] CICÉRON, *De divinatione*, I, 18, 31. Cf. *supra*, p. 76.

[3] ARISTOTE, *Rhétor*. III, 17 : Περὶ τῶν ἐσομένων οὐκ ἐμαντεύετο, ἀλλὰ περὶ τῶν γεγονότων μέν, ἀδήλων δέ.

[4] BOUCHÉ-LECLERCQ, *Hist. de la Divin: dans l'Antiq.*, II, p. 100.

attitude dans les oracles apocryphes que nous avons
conservés sous son nom. Ce sont pour la plupart des
prédictions faites après l'événement, des oracles *ex
eventu*. Nous avons déjà eu l'occasion de dire un mot des
supercheries littéraires dont Onomacrite fut l'auteur à
Athènes à la fin du VIe et au commencement du
Ve siècle avant J.-C. Elles consistaient à attribuer à
d'anciens prophètes des oracles apocryphes utiles à la
cause des Pisistratides [1].

Les deux prophéties qu'Épiménide aurait faites à
Athènes à un siècle d'intervalle, l'une relative à
l'expédition des Perses, l'autre à Munychie, dérivent de
cette tendance. Ce sont des oracles forgés par Onomacrite sous l'inspiration du tyran Hippias; le premier,
dans le but de décider Xerxès au rétablissement de la
tyrannie à Athènes; le second, plus ancien, pour
détourner les Athéniens de toute attaque contre la place
forte de Munychie. A la vue du port athénien, Épiménide se serait écrié : " Voilà un lieu que les Athéniens
déchireraient à belles dents, s'ils prévoyaient tous les
maux qu'il doit causer à leur ville [2] „. Diogène Laërce,
qui nous rapporte cet oracle, ajoute d'un air entendu :
" Cette prédiction fut faite longtemps avant sa réali-
sation. „ Nous ne savons à quel événement Diogène
songe ici. Peut-être est-ce, comme M. Wachsmuth
le suppose [3], à l'occupation de la forteresse de Munychie
par une garnison macédonienne en 321 av. J.-C.? Avant

---

[1] Cf. *supra*, pp. 45 s.

[2] PLUTARQUE, *Solon*, c. 12. — DIOGÈNE LAËRCE, I, 114. Cf.
TZETZES, *Chiliades*, V, 629 ss.

[3] WACHSMUTH, *Die Stadt Athen im Altert.*, I, 1874, pp. 608 s.

la découverte de la *République des Athéniens* d'Aristote,
il n'y avait guère d'autre opinion possible.

Mais, en rapprochant la tradition de Plutarque et de
Diogène d'un passage du nouveau traité d'Aristote,
M. Diels a trouvé une interprétation qui est beaucoup plus
probable [1]. La prétendue prédiction d'Épiménide aurait
été inventée au moment où Hippias, menacé de perdre
le pouvoir, fortifiait Munychie dans l'intention de s'y
retirer au moment du péril. L'oracle attribué au
prophète crétois n'aurait eu d'autre but que d'augmenter
aux yeux d'une foule crédule l'importance de cette
situation stratégique et d'écarter toute attaque contre
elle. Le moyen ne réussit pas, Hippias n'ayant pas eu le
temps de réaliser ses desseins. L'arrivée de Cléomène,
allié aux bannis d'Athènes, força les Pisistratides à se
retirer derrière le mur pélasgique, puis à capituler.
M. Diels ajoute que ce pourrait être aussi un oracle fait
après coup. Dans ce cas, Hermippe ou un autre écrivain
l'aurait attribué à Épiménide en prenant pour modèle la
prédiction du sage Chilon au sujet de Cythère [2].

La dernière prophétie que nous ayons conservée
d'Épiménide concerne les Spartiates. Épiménide leur
aurait prédit qu'ils seraient vaincus près d'Orchomene
par les Arcadiens [3]. Il s'agit ici d'un épisode des luttes
que Lacédémone livra aux cités voisines pendant le VIIe
et le VIe siècle avant notre ère. Mais aucune autre tradition ne nous apprend qu'une bataille fut livrée à Orcho-

[1] ARISTOTE, 'Αθην. πολιτ., c. 19. DIELS, *Epim. von Kreta*,
p. 399.

[2] DIOG. LAËRCE, I, 71 s. Cf. SCHULTESS, *o. c.*, p. 47.

[3] DIOGÈNE LAËRCE, I, 115 (d'après Théopompe). Cf. I, 114.

mène, à cette époque [1]. Bien que le séjour d'Épiménide à Sparte soit un fait probable, nous ne pouvons affirmer l'authenticité de la prédiction ; elle était sans doute écrite sur le manuscrit d'Épiménide (Ἐπιμενίδειον δέρμα) conservé à Sparte [2].

Nous la rapprocherons d'une tradition argienne, due aux sentiments d'inimitié d'Argos envers sa rivale du Péloponnèse. Voulant discréditer les Spartiates aux yeux de tous les Grecs, les Argiens prétendaient qu'Épiménide avait été fait prisonnier dans une guerre entre Cnosse et Sparte et mis à mort par les Spartiates parce que ses prédictions ne leur étaient pas favorables [3]. Pausanias refusait de croire à ces bruits calomnieux [4].

En résumé, les oracles que nous avons conservés d'Épiménide sont apocryphes. Mais, pour les lui attribuer, il fallait que le personnage crétois jouît dès le sixième siècle du renom de prophète. C'est d'ailleurs le caractère que lui reconnaissent la plupart des auteurs anciens.

CHAPITRE IV

Les Purifications d'Épiménide

L'antique loi de la purification réclamant l'expiation de toute faute et le rétablissement de l'ordre divin

---

[1] L'armée spartiate fut défaite vers 669/8 par les Argiens près de Hysiae, à la frontière de l'Argolide et de la Laconie. (PAUSANIAS, II, 24, 7.)

[2] Cf. *supra*, p. 69.

[3] PAUSANIAS, II, 21, 4.

[4] PAUSANIAS, III, 11, 7 : τά γε ἐς Ἐπιμενίδην Λακεδαιμονίους δοξάζω μᾶλλον Ἀργείων λέγειν εἰκότα. Cf. *supra*, p. 69.

qu'elle a troublé est en vigueur chez les Grecs dès l'origine de leur histoire. Mais ce n'est guère qu'à l'époque d'Épiménide que l'on voit les rites de la cathartique définitivement s'établir. Les temps homériques ne connaissent que les purifications matérielles. Dans l'épopée homérique, il n'est pas question d'expiation religieuse et les héros recourent à des pratiques très simples pour se laver d'une souillure [1]. Hésiode, qui nous a cependant conservé tant de détails de la religion superstitieuse des campagnes, n'y fait pas davantage allusion dans son poème didactique Les Œuvres et les Jours.

Au VII⁰ siècle seulement, nous voyons la cathartique se développer dans le monde grec. Épiménide est le plus remarquable de ses représentants, grâce à son intervention dans l'histoire athénienne. La plupart des auteurs anciens et le plus sûr d'entre eux, Aristote, s'accordent à reconnaître dans le sacrilège cylonien la cause de la visite d'Épiménide [2].

Depuis le milieu du VII⁰ siècle, la cité athénienne était en proie aux luttes civiles. Les classes inférieures, pressurées par une aristocratie qui détenait toutes les terres, revendiquaient l'allègement des charges qui pesaient sur elles et la participation aux droits politiques. A la faveur de ces mécontentements, un jeune noble du nom de Cylon, gendre de Théagène, tyran de Mégare, avait essayé de s'emparer du pouvoir. La tenta-

---

[1] On voit seulement que l'homicide qui a versé le sang d'un compatriote est obligé de s'exiler ou de payer une somme en réparation.

[2] Nous citerons Aristote, Cicéron, Plutarque, Suidas et certains auteurs de Diogène Laërce (I, 110).

tive avait échoué et à l'instigation des Alcméonides,
faction très puissante, la plupart des conjurés avaient
été mis à mort dans le sanctuaire des Euménides [1].
L'entreprise de Cylon n'ouvrit pas les yeux à la
noblesse ; elle continua de refuser toute concession aux
exigences populaires, et bientôt les remords du sacrilège,
suscités peut-être par l'apparition d'une épidémie [2],
vinrent s'ajouter aux troubles politiques et augmentèrent l'état de malaise général. La faute des meurtriers
était double : ils avaient massacré les Cylonides sur
l'autel des Euménides et ils l'avaient fait, après leur
avoir promis la vie sauve. Aux yeux d'une population
religieuse, comme l'étaient les Athéniens à cette époque,
la détresse de la cité ne résultait pas d'une situation
économique désastreuse, mais c'était la suite du sacrilège
inexpié, les représailles des divinités qu'on avait outragées. Les adversaires des Alcméonides profitèrent de
ces dispositions pour réclamer le châtiment des coupables. Sur la proposition de Myron, un tribunal de trois
cents nobles Athéniens prononça leur condamnation :
les ossements des morts furent rejetés de l'Attique et
la famille des Alcméonides dut quitter le territoire
d'Athènes [3].

---

[1] THUCYDIDE, I, 126. — ARISTOTE (*Heracl. epit.* fr. 4, éd.
BLASS). — PLUTARQUE, *Solon*, c. 12. Cf. *supra*, p. 57.

[2] DIOGÈNE LAËRCE, I, 110. Cf. *supra*, p. 23.

[3] La peine du bannissement fut étendue aux descendants
parce que, d'après les idées anciennes, la faute et la responsabilité
étaient héréditaires. Quelques historiens mettent en doute la
réalité de cette expulsion. — BELOCH, *Griech. Gesch.*, I, p. 339,
n. 1. DE SANCTIS, Ἀτθίς, *Storia della Repubblica Ateniese*, p. 280.
— WILAMOWITZ, *Eurip. Hippol.*, pp. 243 s. Cf. *supra*, pp. 39 s.

Cette expulsion n'effaçait pas les traces de souillure qu'avait laissées le contact plus ou moins long des sacrilèges avec le sol et les habitants de l'Attique. En cette circonstance difficile, l'usage prescrivait de consulter l'oracle de Delphes. La Pythie ordonna de purifier la ville et les Athéniens recoururent au ministère d'Épiménide [1]. Pour qu'ils songeassent à lui en cette occurrence, il fallait que la science religieuse de la Crète fût célèbre au loin, et que la renommée d'Épiménide lui-même fût parvenue jusqu'en Attique. Bien que les traditions anciennes soient muettes sur ce point, il est probable qu'Épiménide avait acquis cette célébrité, grâce à son ascétisme et à sa sainteté, et aussi à diverses interventions dans les événements de sa patrie. Arrivé à Athènes, le purificateur crétois remplit sa mission d'une manière fort originale [2]. Il choisit des brebis noires et des brebis blanches, et les mena sur l'Aréopage; puis il les laissa aller où elles voulaient, après avoir ordonné à ses acolytes de les sacrifier au dieu convenable (τῷ προσήκοντι θεῷ), à l'endroit même où elles se coucheraient.

La signification de ces cérémonies expiatoires a été fort discutée [3]. Nous croyons qu'elles peuvent s'expliquer par l'incertitude d'Épiménide qui le fit recourir à une habileté de la cathartique. Ne sachant quelle

---

[1] Il n'est pas certain que l'oracle de Delphes ait recommandé lui-même aux Athéniens de choisir Épiménide. Cf. PLATON, *Lois*, 642 D et *supra*, p. 66 n. 2.

[2] DIOGÈNE LAËRCE, I, 110.

[3] STENGEL, *Die griech. Kultusaltertümer*, 2e éd. p. 143. — SCHULTESS, *o. c.*, pp. 29 ss. — DUNCKER, *Gesch. des Alterthums*, IV, p. 170.

divinité était irritée et voulant les apaiser toutes en même temps, il sacrifia les brebis noires aux divinités chthoniennes et les brebis blanches aux divinités du ciel. Ce procédé lui permettait de n'en négliger aucune. En faisant immoler les victimes çà et là, il débarrassait de toute souillure les différentes parties du territoire. Le « dieu convenable » auquel ce sacrifice était fait n'est autre que celui qui avait été froissé par le sacrilège et qui réclamait satisfaction. Enfin les autels anonymes qui existaient encore à l'époque de Diogène Laërce, furent probablement érigés aux endroits de ces sacrifices. Pour achever l'expiation du sacrilège, deux jeunes Athéniens se laissèrent immoler ; mais il n'est pas sûr qu'Épiménide ait pris part au sacrifice [1]. La tradition rapporte encore qu'Épiménide éleva un sanctuaire aux Euménides [2]. Comme le culte de ces divinités est beaucoup plus ancien à Athènes, il est probable qu'Épiménide a seulement fait une nouvelle consécration des autels, souillés par le meurtre des Cylonides. Il est également possible qu'en souvenir du sacrilège, Épiménide ait conseillé aux Athéniens d'élever des autels à la Violence et à l'Impudence, comme le prétendent Cicéron et Clément d'Alexandrie [3].

Après cette expiation, Épiménide s'occupa, nous dit Plutarque [4], d'une réglementation du culte qui devait rendre durables, croyait-il, les résultats de son intervention. Il accoutuma les Athéniens à moins de dépense

[1] Cf. *supra*, pp. 67 s.
[2] DIOGÈNE LAËRCE, I, 112 (d'après Lobon d'Argos). — Cf. WELCKER, *Griechische Götterlehre*, III, p. 92.
[3] Cf. *supra*, pp. 76 s., 83.
[4] PLUTARQUE *Solon*, c. 12.

dans le culte religieux et à plus de modération dans le
deuil, en prescrivant, pour les funérailles, certains
sacrifices qu'il substitua aux pratiques dures et barbares
que la plupart des femmes observaient jusque là. Ce rôle
de réformateur religieux rentre bien dans la mission du
prêtre crétois, et la période de trouble que traversait
alors la cité athénienne, réclamait de tels changements.

D'après M. Niese [1] cependant, les prescriptions d'Épiménide rappellent de trop près la législation de Solon
pour qu'on ne puisse en suspecter la réalité. Plutarque
prétend que le purificateur crétois se lia d'amitié avec
Solon et l'aida à rédiger ses lois. Nous croyons plutôt
que le législateur athénien mit à profit les règlements
antérieurs d'Épiménide. Théophraste nous dit, en effet,
que les anciennes prescriptions du culte athénien
avaient été copiées sur le règlement des cérémonies des
Corybantes crétois [2]. Si l'on songe qu'Épiménide ‡fut
rangé parmi les Curètes et que ceux-ci sont en relation
étroite avec les Corybantes, on sera tenté de faire
d'Épiménide l'introducteur en Attique de pratiques
religieuses formulées plus tard dans les ordonnances de
Solon.

Ernest Curtius [3] a supposé qu'Épiménide rendit
national le culte d'Apollon qui jusque là était demeuré
aristocratique. C'est exagérer, selon nous, le rôle du
purificateur crétois : sans doute la Pythie a pu lui

---

[1] P. NIESE, *Histor. Unters. Arn. Schaefer. . gewidmet*, p. 13.

[2] PORPHYRE, *De abstinentia*, II, 20. — Cf. BERNAYS, *Theophrastos' Schrift Ueber Frömmigkeit*, Berlin, 1866, p. 37 et
p. 165.

[3] E. CURTIUS, *Griechische Geschichte* I[6], pp. 311 s. et *Stadtgesch.
v. Athen*, p. 64. Cf. A. MOMMSEN, *Heortologie*, pp. 52 ss., 62, 76.

indiquer les sacrifices qu'il devait faire à Athènes, et nous savons que les prêtres de Delphes cherchèrent à se gagner les devins et les thaumaturges contemporains d'Épiménide [1]. Mais ce ne sont là que des indices.

Épiménide n'apporta qu'un répit de peu de durée aux dissensions athéniennes : il avait su apaiser les craintes religieuses des habitants, mais il n'avait remédié en rien à leur triste situation sociale.

L'intervention d'Épiménide dans la réforme des mystères d'Éleusis n'est pas sûrement établie. Plusieurs savants l'ont admise parce que Pausanias mentionne la présence d'une statue d'Épiménide devant l'Éleusinion, à Athènes [2]. Mais on connaissait à Athènes un autre Épiménide, qui avait reçu plus tard le nom de Βουζύγης, héros de l'agriculture, à qui la famille des Βουζύγαι rattachait son origine [3]. La nature des monuments qui entouraient cette statue d'Épiménide, le taureau d'airain et la statue de Triptolème, inventeur de l'agriculture, indique qu'il s'agit ici du héros attique plutôt que du purificateur crétois. Si ce dernier avait eu une statue à Athènes, elle avait sa place indiquée près du *Kyloneïon*, monument élevé en souvenir du massacre des Cylonides.

[1] .PLATON, *Lo:s*, I, 642 D. DIOGÈNE LAERCE, I, 110. Aristéas de Proconnèse aurait introduit à Métaponte le culte apollinien (HÉRODOT., IV, 13) Cf. DIELS, *Parmenides*, p. 21 et *supra*, p. 103 n. 1.

[2] PAUSANIAS, I, 14, 3. E. CURTIUS, *l. c.*, et A. MOMMSEN, *l. c.* Cf. SCHULTESS, *De Epim. Crete*, pp. 32 ss. — USENER, *Philolog. Anzeiger*, 1879, pp. 261 s. TŒPFFER, *Attische Genealogie*, p. 140 et id. dans PAULY-WISSOWA, *Real Encycl*, s. v. *Buzyges*.

[3] SERVIUS *ad Virgilium, Georg.* I, 19 : *Epimenides qu' postea Buzyges dictus est secundum Aristotelem.* — TŒPFFER, *l. c.*, p. 145. Cette famille athénienne exerçait les fonctions sacerdotales de Ζεὺς ἐν Παλλαδίῳ et de Ζεὺς Τέλειος.

Cependant on peut admettre que le héros agriculteur
de l'Attique fut identifié plus tard avec le purificateur
homonyme de Cnosse [1].

Diogène Laërce (I, 112) rapporte qu'Épiménide refusa
l'argent et le navire que les Athéniens lui offrirent
comme prix de son ministère; ce trait de désintéressement nous est confirmé par Plutarque; suivant lui,
Épiménide n'accepta qu'un rameau d'olivier [2]. Des
combinaisons postérieures ont prétendu que le prêtre
de Cnosse profita de son intervention à Athènes pour
conclure une alliance entre cette ville et sa patrie.
Platon et Diogène Laërce y font allusion; mais on ne
peut voir là rien d'historique [3].

Nous ne pouvons non plus contrôler l'exactitude du
renseignement de Phlégon prétendant qu'Épiménide
retourna en Crète après la purification d'Athènes et
qu'il y mourut peu de temps après (Diogène Laërce
I, 111).

D'autres villes grecques, Sparte et Argos, reven-
diquent l'honneur d'avoir reçu la visite du purificateur.
La tradition spartiate repose sur des indices si nombreux
qu'il n'est guère permis de la mettre en doute, malgré

---

[1] E. MEYER, *Gesch. d. Altert.*, II, § 460, qui rejette la réalité
d'Épiménide de Crète croit qu'on attribua la théogonie apocryphe
au héros athénien, Épiménide Βουζύγης, et qu'à cette occasion on
lui donna la nationalité crétoise. M. Meyer ne nous donne pas le
motif de cette attribution. Est-ce le prestige religieux dont
jouissaient les Crétois? — O. KERN, *De Musaei Atheniensis
fragmentis*, Rostock, 1898, p. 3, croit qu'on a pareillement donné
une origine thrace au héros attique Musée.

[2] PLUTARQUE, *Praec. ger. reip.*, c. 27, § 8 : ἀρκεῖ.... θαλλός, ὡς
Ἐπιμενίδης ἔλαβεν ἐξ ἀκροπόλεως καθήρας τὴν πόλιν.

[3] PLATON, *Lois*, I, 642 D (*in fine*). — DIOGÈNE LAËRCE, I, 111.

l'analogie des détails de cette visite avec ceux de l'histoire athénienne [1].

La tradition argienne est moins certaine ; elle se borne à contredire les affirmations spartiates. Les Lacédémoniens prétendaient posséder chez eux le corps d'Épiménide ; les Argiens, au contraire, disaient qu'ils avaient réussi à soustraire aux Spartiates le corps du prophète, et qu'ils l'avaient enterré à Argos devant le temple d'Athéna *Salpigx* [2].

La purification de Délos, attestée seulement par Plutarque, n'a rien d'improbable, bien qu'elle rappelle des événements analogues qui eurent lieu dans cette île à la fin du VIe siècle et en 426 av. J. C. [3].

Ces nombreuses interventions expliquent comment Épiménide fut à juste titre considéré par les anciens comme le purificateur par excellence, ὁ Καθαρτής [4]. Cette renommée ne fit que grandir et l'on prétendit même qu'il avait été le premier qui purifia les maisons et les champs et qui édifia des temples [5], alors que ces pratiques sont à la base même de la religion grecque.

CHAPITRE V

TRADITIONS DIVERSES

Pour compléter la biographie d'Épiménide, il importe

[1] Cf. *supra*, pp. 70 ss.

[2] PAUSANIAS, II, 21, 4.

[3] PLUTARQUE, *Banquet des Sept Sages*, c. 14. Cf. *supra*, p. 48.

[4] JAMBLIQUE, *Vie de Pythagore*, § 135.

[5] DIOGÈNE LAËRCE, I, 112. — En débarrassant Athènes de la souillure du sacrilège cylonien, Épiménide avait aussi bien purifié les objets que les personnes.

de signaler encore quelques détails, légendaires pour la plupart, mais qui achèvent de le caractériser.

La tradition lui attribue une longévité extraordinaire; au dire de Xénophane, il atteignit l'âge de cent cinquante-quatre ans; selon Théopompe, celui de cent cinquante-sept. Les Crétois, qui l'honoraient comme un dieu par des sacrifices, prétendaient qu'il avait vécu près de trois siècles [1]. L'âge du purificateur fut sans doute augmenté en raison même de son sommeil merveilleux de cinquante-sept ans; peut-être faut-il déduire ce chiffre du nombre généralement transmis et admettre qu'Épiménide vécut environ un siècle, de 675 à 575 avant notre ère? Théopompe raconte qu'à son réveil, il devint vieux en autant de jours qu'il avait dormi d'années. Ce trait est commun à la plupart des héros de long sommeil : ils se réveillent aussi jeunes qu'ils se sont endormis, mais ils vieillissent et meurent très vite [2].

La légende attribue encore à Épiménide quelques faits surnaturels qui sont communs à d'autres thaumaturges anciens. Comme Aristéas de Proconnèse, son âme jouit de la faculté d'abandonner le corps et d'y rentrer à volonté. Cette donnée ainsi que les prétendues résurrections d'Épiménide sont en rapport avec la légende du long sommeil et elles dérivent vraisemblablement des traités apocryphes qui circulaient sous son nom à Athènes [3].

[1] DIOGÈNE LAËRCE, I, 111, 114.

[2] DIOGÈNE LAËRCE, I, 115. PLINE, *Nat. Hist.*, VII, 52 (175) : *hinc (sc. post somnum) pari numero dierum senio ingruente.* Cf. *supra*, p. 96 n. 1 et KOCH, *Die Siebenschläferlegende*, p. 22.

[3] Cf. *supra*, pp. 98 s.

Plusieurs auteurs anciens, Timée, Démétrios de
Magnésie et Plutarque, à divers endroits du *Banquet des
Sept Sages*, font allusion à la sobriété d'Épiménide : il
aurait vécu sans prendre de nourriture ou, du moins, il
aurait usé par quantités infimes d'un aliment miraculeux
appelé " préservatif de la faim „ (ἄλιμον) [1]. Bien qu'un
ascétisme aussi extraordinaire convienne parfaitement
au caractère d'Épiménide et qu'il ait pu s'astreindre
à un semblable genre de vie, nous croyons plutôt
que cette tradition dérive elle aussi des traités que
les auteurs orphiques du VIᵉ siècle attribuèrent à
Épiménide. Pour engager les néophytes de la secte à
supporter les privations imposées par la doctrine,
Épiménide était censé prêcher d'exemple en racontant
les austérités de sa vie. Nous savons d'ailleurs que la
mauve et l'asphodèle qui auraient constitué la base de
cette alimentation, étaient employées dans les repas
orphiques [2].

Les rapports qu'Épiménide aurait entretenus avec
plusieurs personnages du VIᵉ siècle, ont été inventés
par les nouvellistes ioniens et le biographe Hermippe.
Les lettres que la tradition leur fait échanger sont
visiblement apocryphes et de composition plus récente
encore. Nous avons montré qu'Épiménide était arrivé à
Athènes une génération avant l'archontat de Solon et
que, pour ce motif, des relations d'amitié n'avaient pu
s'établir entre eux [3]. La chronologie nous oblige pareil-

---

[1] DIOGÈNE LAËRCE, I, 114. PLUTARQUE, *Banquet des Sept
Sages*, c. 14 (p. 157 s.). Cf. *supra*, pp. 73 et 102.

[2] Cf. *supra*, pp. 66 et 73.

[3] Cf. *supra*, pp. 13, 42 et 62.

lement à rejeter la réalité du rapprochement d'Épiménide et de Pythagore. Suivant Diogène Laërce (VIII, 3), ils seraient descendus ensemble dans la caverne du mont Ida pour s'initier aux mystères de Zeus. Il est possible qu'ils aient visité ce sanctuaire à un demi-siècle d'intervalle, mais le rapprochement des deux personnages n'est pas historique.

Une autre tradition ancienne fait d'Épiménide l'élève d'Hésiode [1]. Faut-il entendre par là que le poète d'Ascra a connu le thaumaturge crétois ou que celui-ci a seulement mis à profit les préceptes d'Hésiode? C'est plutôt cette dernière hypothèse que Platon semble avoir en vue dans son dialogue des *Lois*, lorsqu'il nous dit, non sans ironie, qu'Épiménide, à en croire les Crétois, " avait surpassé en industrie tous les plus habiles et qu'il avait exécuté ce qu'Hésiode n'avait fait qu'entrevoir dans ses écrits [2] „. De même Plutarque fait dire à Solon, dans le *Banquet des Sept Sages*, qu'Hésiode avait formulé dans ses vers la recette du régime suivi par Épiménide, et lui avait indiqué le premier les ingrédients de cette substance nutritive dont il lui suffisait de mettre un petit morceau en bouche pour passer la journée entière sans dîner et sans souper [5].

Nous croyons pouvoir trouver l'origine de cette tradition, déjà contestée par un personnage du dialogue de Plutarque, dans le caractère hésiodique de certains passages des traités apocryphes attribués à Épiménide. Le seul vers que nous ayons conservé des *Purifications*

[1] PLUTARQUE, *Banquet des Sept Sages*, c. 14, p. 158 B.
[2] PLATON, *Lois*, III, 677 D. Cf. *supra*, p. 47.
[5] PLUTARQUE, *Banquet des Sept Sages*, c. 14.

Κρῆτες ἀεὶ ψεῦσται, κακὰ θηρία, γαστέρες ἀργαί est vraisemblablement imité des paroles qu'Hésiode se fait
adresser par les Muses dans sa théogonie, Ποιμένες
ἄγραυλοι, κακ' ἐλέγχεα, γαστέρες οἶον[1]. De plus, diverses
idées hésiodiques reparaissent dans la théogonie attribuée à Épiménide. Il est donc probable que les traditions mettant Hésiode en rapport avec Épiménide,
dérivent des analogies qu'on peut relever entre les
œuvres du premier et celles du second.

<h2 style="text-align:center">CHAPITRE VI</h2>

LES OUVRAGES ATTRIBUÉS A ÉPIMÉNIDE

L'histoire d'Épiménide ne peut être séparée de l'étude
des ouvrages qui portent son nom, parce que ceux-ci
permettent de voir quelle conception l'antiquité se
faisait de lui et parce qu'ils ont influencé la formation
des légendes relatives au personnage[2].

Malheureusement nous ne connaissons de ces écrits
pseudépigraphiques ou apocryphes que quelques fragments dont l'examen soulève de nombreuses difficultés.
On doit se demander si les indications des auteurs qui
citent les ouvrages d'Epiménide sont exactes, si ces
ouvrages ont jamais existé, enfin s'ils peuvent appartenir
à Épiménide de Crète. La question est trop vite tranchée,
si l'on dit que ce sont des produits d'une époque postérieure[3] ou qu'ils conviennent parfaitement au purificateur crétois[4].

---

[1] HÉSIODE, *Theog.* v. 26. Cf. *infra*, pp. 126 et 130.
[2] Cf. *supra*, pp. 35 ss.
[3] MÜLLER, *Fr. Hist. Gr.* IV, p. 404 et BERNHARDY, *Grundr. d. gr. Litt.* I², pp. 278 et 344.
[4] BERGK, *Griech. Litteraturgesch.*, II (1883), p. 76.

Au témoignage de différents écrivains [1], l'antiquité connaissait sous le nom d'Épiménide les ouvrages suivants :

1. Un poème intitulé *Origine des Curètes et des Corybantes et théogonie*.

2. Une épopée intitulée *Construction du vaisseau Argo et départ de Jason en Colchide*.

3. Un traité, en prose, *Sur les sacrifices et la constitution de la Crète*.

4. Un poème *Sur Minos et Rhadamanthe*.

5. Une histoire de la Crète (Κρητικά).

6. Des *Purifications* (Καθαρμοί).

7. Des *Mystères*.

8. Un recueil d'oracles.

9. Une histoire des Telchines.

10. Deux lettres adressées à Solon.

L'existence même de quelques-uns de ces ouvrages a été mise en doute par Ed. Hiller dans une étude très serrée sur l'activité littéraire des Sept Sages [2]. Sans doute, l'indication fantaisiste du nombre des vers que nous donne Diogène Laërce et le titre singulier de plusieurs traités en font suspecter l'existence. Pour attirer l'attention sur lui, Lobon d'Argos, l'auteur de

---

[1] DIOGÈNE LAËRCE, I, 111 ss.; DIODORE DE SICILE, V, 80,4. ÉRATOSTHÈNE, *Catastérismes*, chap. XXVII. — STRABON, *Geogr.* X, 4, 14. — ATHÉNÉE, *Deïpnos.*, VII, p. 282 E. — EUSÈBE, *Fraep. Evang.*, V, 31. — SUIDAS, s. v. Ἐπιμενίδης. — Cf. KINKEL, *Epicor. graec. fragm.* I (1877), pp. 230-238. — O. KERN, *De Orphei, Epimenidis, Pherecydis theogoniis*, pp. 62-82.

[2] E. HILLER, *Die literarische Thätigkeit der sieben Weisen*, dans le *Rhein. Mus.* XXXIII (1878), pp. 518-529. Voir surtout pp. 525 ss. Cf. W. VOLKMANN, *Quaest. de Diog. Laert.*, p. 11.

Diogène Laërce [1], aurait prétendu avoir eu entre les mains des ouvrages d'anciens poètes que nul autre ne connaissait. Nous croyons plutôt que la tâche du faussaire s'est bornée à attribuer à Épiménide divers traités apocryphes peu connus.

1. ORIGINE DES CURÈTES ET DES CORYBANTES, ET THÉOGONIE.

Diogène Laërce (I, 111), qui nous a transmis le titre et le nombre de vers du poème d'Épiménide, semble avoir ajouté à l'indication de Lobon les mots καὶ θεογονίαν et avoir ainsi rapproché deux titres différents. Nous croyons donc, après M. Diels [2], qu'il faut distinguer l'*Origine des Curètes et des Corybantes* de la *Théogonie*.

A. — L'*Origine des Curètes et des Corybantes*.

Nous n'avons conservé aucun fragment du poème relatif aux Curètes et Diogène Laërce seul le mentionne. On pourrait donc supposer, avec E. Hiller, que ce traité n'a jamais existé et que nous avons affaire à une fiction de Lobon d'Argos [3]. Mais rien ne nous empêche non plus de le considérer comme un écrit apocryphe aisément attribué par son auteur ou par Lobon à Épiménide, en

---

[1] Diogène Laërce semble n'emprunter à Lobon d'Argos que le détail relatif au sanctuaire des Euménides, mais il est vraisemblable qu'il lui doit aussi l'énumération des écrits. Cf. *supra*, p. 26.

[2] DIELS, *ap.* O. KERN, *o. c.*, p. 79.

[3] E. HILLER, *l. c.*, p. 525. Son opinion a été approuvée par DIELS, *l. c.* et par IMMISCH, dans ROSCHER, *Lexik. d. gr. u. r. Myth.* s. v. *Kureten*, II, p. 1588. Cf. BERNHARDY, *o. c.*, I², p. 278.

raison de sa réputation de Curète [1]. Était-ce un traité sur
les protecteurs de l'enfance de Zeus, en Crète, ou la liste
des prêtres qui s'étaient succédés au service de ce dieu?
Il est impossible de l'établir. Remarquons seulement en
faveur de la seconde hypothèse qu'avant l'apparition de
l'histoire proprement dite, des listes semblables étaient
déjà tenues dans plusieurs temples de la Grèce [2].

B. — La Théogonie.

L'existence de la *Théogonie* d'Épiménide, l'ouvrage
le plus important qui ait porté le nom du purificateur
crétois, a été contestée à tort par E. Hiller. Les nombreux fragments que nous en avons conservés ne
peuvent avoir fait partie, comme il le prétend, de *Généalogies* composées par un autre Épiménide (Diog. Laërce I,
115) [3]. Ils appartiennent à un de ces ouvrages qui, à
la fin du VIe siècle avant notre ère, cherchent à concilier les vieilles croyances avec les principes philosophiques naissants, et prétendent résoudre du premier
coup le problème de l'origine et de la constitution du
monde.

L'opinion fondamentale de la *Théogonie* d'Épiménide
nous est connue par une citation du néo-platonicien
Damaskios qui l'emprunte vraisemblablement au péri-

---

[1] Cf. page 102 et DIODORE, V, 65. Le contraire est également
possible c'est-à-dire qu'un pareil traité a pu donner naissance
à la tradition qui fait d'Épiménide un Curète.

[2] Par ex. la liste des prêtresses d'Héra, à Argos.

[3] Voir les fragments de la *Théogonie* d'Épiménide ap. O. KERN,
o. c., pp. 62 ss. fr. I-VIII. — HILLER, *l c.* Cf. DIELS *ap.* O. KERN,
o. c., p. 79. — SUSEMIHL, *Gesch. d. gr. Litt. in der Alex. Zeit*, II,
p 388.

patéticien Eudème [1]. Suivant lui, l'auteur de la *Théogonie*
admettait comme premiers principes l'Air et la Nuit qui
en auraient engendré un troisième, le Tartare; de ces
principes étaient sortis deux autres éléments dont l'union
avait produit l'œuf du monde, lequel devint à son tour
l'origine des créations ultérieures [2].

Nous avons affaire ici à une cosmogonie mythique,
c'est-à-dire à une explication de l'origine du monde
antérieure à la période scientifique de la philosophie
grecque, explication où l'intervention fortuite et mira-
culeuse d'êtres fantastiques tient lieu de l'enchaînement
naturel des choses. L'ouvrage n'est cependant pas aussi
ancien qu'on le croirait à première vue. L'Air n'apparaît
comme premier principe dans aucune autre théogonie [3];
c'est seulement chez Anaximène qu'il occupe la première
place dans la théorie de la formation du monde [4].
Comme la conception du philosophe ionien est vraisemblablement originale, il est permis de croire que la
Théogonie d'Épiménide a été influencée par sa doctrine
et qu'elle n'est pas antérieure à la fin du VIe siècle.

---

[1] Damaskios, περὶ ἀρχῶν, p. 383 éd. KOPP. (*Eudemi fragm.*
CXVII, p. 170, 11 éd. SPENGEL). Cf. KERN, *o. c.* p. 68.

[2] E. ZELLER, *Philosophie der Griech.*, I⁵, p. 88 : " Ces deux principes représentent évidemment d'après les habitudes de la
théogonie hésiodique, une syzygie sexuelle : l'air (ὁ ἀήρ) est le
principe mâle, la nuit (ἡ Νύξ) le principe femelle „. Cf. SCHŒMANN,
Oper. Academ., II, p. 21.

[3] Pour écarter cette singularité, on a supposé que le mot *Air*
avait ici la même valeur que le mot *Éther*. Mais ce sens du mot
ἀήρ n'est confirmé par aucun philosophe ancien. Cf. O. KERN,
o. c., p. 69.

[4] RITTER et PRELLER, *Historia philosophiae graecae*, 7e éd.
(1888) p. 20 : Ἀναξιμένης δὲ ὁ Μιλήσιος ἀρχὴν τῶν ὄντων ἀέρα
ἀπεφήνατο, ἐκ γὰρ τούτου πάντα γίνεσθαι καὶ εἰς αὐτὸν πάλιν ἀναλύεσθαι.

Cette influence du philosophe de Milet fût-elle même improbable, comme E. Zeller [1] le prétend, un autre indice nous ramènerait à la même date : dans la *Théogonie* d'Épiménide, la Nuit est placée à l'origine des choses, comme dans la cosmogonie orphique, et elle n'occupe nulle part cette place avant l'orphisme. De plus, l'œuf du monde, source des créations ultérieures, joue le même rôle dans la doctrine orphique, et cette dernière connaît également le nom d'Echidna qu'Épiménide considère comme la fille de Styx et de Peïras [2].

De ces indices on peut conclure que l'auteur de la *Théogonie* attribuée à Épiménide a connu l'orphisme. Or le développement de cette doctrine n'est pas antérieur à la seconde moitié du VIᵉ siècle [5]. Épiménide qui appartient, au plus tard, à la première moitié de ce siècle ne peut donc avoir écrit la *Théogonie* qu'on lui attribue. Celle-ci ne peut servir à établir la chronologie du personnage, pas plus que les ouvrages analogues de Musée et d'Orphée ne permettent de tirer aucune conclusion pour l'époque de ceux-ci. M. Kern qui, après M. Lœschcke, place Épiménide vers l'an 500, admet l'authenticité de la *Théogonie*. Mais nous avons montré que le texte de Platon, invoqué par ces critiques, demandait une autre interprétation [4].

Achevons de caractériser brièvement la *Théogonie* d'Épiménide. Le rôle attribué par l'auteur au Tartare, troisième principe du monde, révèle la connaissance de

[1] ZELLER, *o. c.* I⁵, pp. 87 s.
[2] PAUSANIAS, VIII, 18, 2.
[5] E. MEYER, *Geschichte des Altert.* II, §§ 453 ss. — E. ROHDE, *Psyche* II², p. 105.
[4] Cf. *supra*, p. 47.

la théogonie hésiodique [1]. On ne peut cependant pas
dire; avec M. Tannery [2], qu'Épiménide refait pour son
compte la théogonie d'Hésiode : malgré quelques ressemblances, le pseudo-Épiménide s'inspire plutôt de l'orphisme, courant parallèle à la doctrine hésiodique et non
sa continuation [3].

L'auteur de la *Théogonie* considère Aphrodite, les
Destinées (Μοῖραι) et les Erinyes comme les filles de
Kronos. Cette assertion qui s'écarte de l'opinion d'Hésiode et des Orphiques, permet un rapprochement
caractéristique avec la vie du purificateur crétois : c'est
précisément à Athènes et à Sparte, villes visitées par
Épiménide, que le culte d'Aphrodite était réuni à celui
des Destinées [1].

La *Théogonie* d'Épiménide renferme des allusions à
certaines légendes péloponésiennes, telles que celles du
lion de Némée, de la généalogie de Pan et d'Arcas, et
d'Endymion condamné par Zeus à un sommeil éternel
pour s'être épris d'Héra. Coïncidence remarquable, il
est question de ce sommeil mythique dans la *Théogonie*
qui circulait sous le nom d'un personnage à qui la
légende attribue un sommeil de cinquante-sept ans [5].

Le pseudo-Épiménide affirme encore que les Harpyes
gardaient les pommes d'or et étaient les mêmes divinités

---

[1] HÉSIODE, *Theog.* v. 119. L'authenticité de ce vers est douteuse.

[2] TANNERY, *Pour l'histoire de la Science Hellène*, p. 129. C'est
aussi l'opinion de WILAMOWITZ, *Eurip. Hipp.*, p. 224 n.

[3] Cf. BELOCH, *Griech. Gesch.*, I, p. 252. — ED. MEYER, *o. c.* II,
p. 748. — M. MAYER, dans ROSCHER, *Lexik. d. g. u. r. Mythol.*,
s. v. *Kronos*, II, p. 1456. Cf. *supra*, pp. 66, 73.

[4] O. KERN, *o. c.*, p. 73.

[5] KERN, fr. V, VI et VIII, et pp 74 s. — HILLER, p. 527, n. 1.
- VON SYBEL, dans ROSCHER, *Lexikon*, s. v. *Endymion*.

que les Hespérides. Cette opinion est conforme à la tendance orphique de confondre les différentes divinités [1].

Enfin l'auteur de la *Théogonie* combat la doctrine d'Hésiode au sujet d'une divinité des enfers : Hésiode [2] prétend que de l'union de Styx, la fille d'Océan, avec Pallas étaient nés Zêlos et Niké. Épiménide, au contraire, soutient que la fille d'Océan avait épousé non Pallas, mais Peïras, dont elle avait eu Echidna [3]. E. Rohde [4] a rapproché cette assertion de la légende d'après laquelle l'âme d'Épiménide aurait possédé la faculté d'abandonner le corps quand elle le voulait, et de ce rapprochement il a conclu qu'il existait dans l'antiquité sous le nom d'Épiménide une *Descente aux Enfers* (Κατάβασις ἐς "Αιδου), à laquelle est empruntée l'opinion relative à Styx.

On pourrait ajouter à cet indice l'existence d'un traité apocryphe attribué à Épiménide où il était question de Minos et de Rhadamanthe et le trait légendaire des résurrections à la faveur desquelles Épiménide serait devenu Éaque, le troisième juge aux Enfers. L'opinion de Rohde paraîtra plus vraisemblable encore, si l'on songe que les auteurs orphiques attribuèrent des traités analogues à d'autres thaumaturges, notamment à Orphée et à Pythagore. Néanmoins puisqu'Hésiode rapporte cette opinion dans sa *Théogonie*, le pseudo-Épiménide a pu en faire autant dans un ouvrage homonyme.

Dans le dernier fragment, malheureusement fort mutilé que l'on pourrait, d'après Kern (fr. IV), assigner

[1] O. KERN, fr. VII. Cf. *id.*, *o. c.*, p. 67 et 76.

[2] HÉSIODE, *Theog.* v. 383 s.

[3] PAUSANIAS, VIII, 18, 2. = KERN, fr. III.

[4] E ROHDE, *Der griech. Roman*, p. 260 n. Cf. KERN, p. 76.

à la *Théogonie* d'Épiménide, il est question du géant
Typhon. Suivant la restitution de M. Diels [1], faite d'après
le *Prométhée* d'Eschyle (v. 370 s.), l'auteur de la *Théogonie* aurait prétendu, d'après la tradition courante que
Typhon combattit la royauté de Zeus [2].

Ces opinions fragmentaires permettent néanmoins de
se faire une idée assez nette de la *Théogonie* du pseudo-
Épiménide. L'ouvrage s'inspire surtout de la cosmogonie orphique et offre quelques analogies avec la
Théogonie d'Hésiode. La plupart des données ne
remontent pas au delà du VI⁰ siècle. Certaines d'entre
elles émanent peut-être d'Épiménide lui-même. En sa
qualité d'homme versé dans la science divine (σοφὸς περὶ
τὰ θεῖα, γνωστικώτατος) [3], il a pu, aussi bien qu'Hésiode,
laisser quelques pensées sur la généalogie des dieux.
Ces opinions servirent de données fondamentales à
l'auteur qui fit circuler sous le nom d'Épiménide une
Théogonie où il avait introduit les théories récentes de
l'Air et de la Nuit.

2. Construction du vaisseau Argo et Départ de Jason en Colchide.

L'existence des *Argonautiques* d'Épiménide est aussi
sujette à caution que celle de l'*Origine des Curètes et des
Corybantes*. La singularité du titre semble indiquer une

---

[1] Diels, ap. O. Kern, *o c.*, p. 61.

[2] Kinkel, *l. c.* rattache encore à la théogonie d'Épiménide
deux fragments (11 et 15) qui doivent en être rejetés. Cf. Bergk,
Griech. Litter., II, p. 77, n. 8. — Hiller, *l. c.*, p. 527, n. 1. —
Kern, *o. c.*, p. 77.

[3] Plutarque, *Solon*, c. 12. — Diogène Laërce, I, 114.

invention d'époque tardive [1]. De plus, on ne retrouve dans les traditions relatives à Épiménide de Crète aucun fait, historique ou légendaire, qui ait permis à l'auteur de cette attribution d'accréditer sa supercherie avec quelque chance de succès.

Les deux citations [2] du scholiaste d'Apollonios de Rhodes, l'auteur d'une épopée sur l'expédition des Argonautes, ont le même caractère que certains fragments de la *Théogonie* examinée plus haut : Épiménide ajoute Presbon aux quatre fils qu'Hésiode attribue à Phrixos, le héros porté en Colchide par le bélier à la toison d'or, et il donne une origine corinthienne à Aïétès, le roi de cette contrée.

Il est donc possible que ces citations soient extraites de la *Théogonie* ou, comme le veut Hiller, de la *Généalogie*. Cependant, comme il y est question de deux héros mêlés à la légende des Argonautes, et que le scholiaste annote les *Argonautiques* d'Apollonios de Rhodes, il est également probable qu'elles sont tirées d'un poème homonyme.

Nous croyons donc, malgré le caractère suspect des renseignements de Lobon d'Argos, que le renseignement de Diogène Laërce et les citations du scholiaste d'Apollonios confirment mutuellement l'existence d'un poème des *Argonautiques*, attribué à Épiménide [3].

3. Sacrifices et Constitution de la Crète

Il ne nous est rien parvenu du traité *Sur les sacrifices*

---

[1] Hiller, *l. c.*, pp. 528 s. H. Diels, *ap.* O. Kern, *o. c*, p. 79.

[2] Voir Kinkel, fr. 1 et 2.

[3] W. Christ, *Gesch. d. gr. Litter. (Handb. Iw. Müller)*, 3ᵉ éd. 1898, p. 533, n. 2, croit que les *Argonautiques* d'Épiménide sont antérieures à l'épopée homonyme d'Apollonios.

et la constitution de la Crète. S'il était écrit en prose, comme le prétend Diogène Laërce, Épiménide ne peut en avoir été l'auteur, l'apparition de la prose étant postérieure à son époque [1]. L'attribution de ce traité à Épiménide s'explique par la nationalité et le caractère religieux du personnage.

4. Minos et Rhadamanthe.

Le poème de quatre mille vers consacré à Minos et à Rhadamanthe ne nous est connu par aucun fragment. Son contenu, sa date et son authenticité sont autant d'énigmes. Comme Minos et Rhadamanthe sont juges dans l Hadès, le traité se rattache peut-être aux ouvrages intitulés *Descente aux Enfers* (Κατάβασις ἐς ᾍδου); il faudrait voir alors dans cette attribution le fait des auteurs orphiques. Il convenait d'ailleurs de faire parler Épiménide de ses prédécesseurs et de ses compatriotes les plus remarquables. Peut-être le poème consacré à ces deux législateurs religieux ne formait-il qu'un seul ouvrage avec l'étude traitant des sacrifices et de la constitution de la Crète?

5. Histoire de la Crète.

Dans son exposé de l'époque mythique de la Crète, Diodore de Sicile [2] dépouille un ouvrage d'Épiménide " le théologue „ et Érastosthène [3], dans une étude semblable, cite l'*Histoire de la Crète* (Κρητικά) d'un Epiménide. Le mythe crétois d'après lequel Aegipan aurait été

---

[1] Bergk, *o. c*, I, 170 n. 35, II, 390 s.

[2] Diodore de Sicile, V, 80, 4.

[3] *Mythographi graeci*, vol. III fasc. I. *Pseudo-Eratosth. Catasterismi*, éd. Olivieri, § 27.

élevé avec Zeus et aurait grandi avec lui sur le mont
Ida, en Crète, rappelle la légende, que l'on retrouve aussi
en Achaïe et en Cilicie, de Zeus nourri à sa naissance
par une chèvre divine [1]. Le récit d'Ératosthène ne
concorde pas avec celui de Diodore. Il semble bien que
le premier consulte un remaniement en prose de tout ce
que le pseudo-Épiménide avait rapporté à propos de la
Crète, tandis que Diodore utilise une *Théogonie* d'Épiménide influencée par l'évhémérisme [2].

6. LES PURIFICATIONS.

Le poème des *Purifications* (Καθαρμοί), dont nous
n'avons conservé qu'un vers, doit avoir été fort caractéristique. Nous ne pouvons guère nous en faire une
idée que d'après les nombreux fragments du poème
homonyme d'Empédocle [3]; il renfermait les révélations
d'un prophète inspiré, apportant aux mortels le salut du
corps et celui de l'âme, indiquant les rites expiatoires
auxquels ils devaient se soumettre pour effacer la
souillure des fautes commises. Peut-être débutait-il par
la fiction d'un long sommeil à la faveur duquel le
prophète avait reçu les enseignements divins?

L'ouvrage n'est certainement pas authentique. Il
répond à une transformation des idées morales et reli-

---

[1] H. ROSCHER, *Die Elemente des astronomischen Mythus von
Aigokeros* (*Fleckeisen's Neue Jahrb.*, tome 151, pp. 333 s.).

[2] Pour la longue discussion ouverte à propos de cet ouvrage,
voir C. ROBERT, *Ps. Eratosthenis Catasterismorum reliquiae*,
p. 241 s. — O. KERN, *o. c.*, pp. 78 ss. E. BETHE, *Untersuchungen
zu Diodors Inselbuch*, *Hermes* XXIV (1889) pp. 402 ss.

[3] BIDEZ, *Biographie d'Empédocle*, pp. 139 ss.

gieuses qui est postérieure à Épiménide. Son auteur
appartenait à la secte des Orphiques. Il avait placé
dans la bouche d'Épiménide les exhortations que les
membres de cette secte religieuse aimaient à faire à la
foule [1].

Le vers énergique que Saint-Paul nous en a conservé
dans sa lettre à Tite (I, 12) " Crétois, éternels menteurs,
bêtes malfaisantes, ventres paresseux „ est tout à fait
dans ce ton de prédicateur. Ce vers imité de la théogonie d'Hésiode (v. 26) figurait vraisemblablement au
début d'une objurgation virulente que le prêtre crétois,
homme sobre et pieux, était censé adresser à des compatriotes plongés dans la mollesse et pleins de mauvaise
foi [2].

A côté de ces apostrophes, l'auteur des *Purifications*
recommandait aux fidèles les lustrations, l'ascétisme et
l'abstinence de viande, rigoureusement prescrite dans
les sectes orphiques.

7. Les Mystères.

C'est encore à l'orphisme et au courant de mysticisme
qui remplit la Grèce au VIe siècle, qu'il faut attribuer
l'origine du traité d'Épiménide relatif aux mystères [3].
De même qu'Onomacrite avait attribué à Orphée un
écrit de sa composition intitulée Τελεταί, de même un
faussaire avait fait circuler à Athènes, sous le nom du

---

[1] DIELS, *Epim. von Kreta, l. c.*, p. 395 ss. — Id. *Parmenides,*
p. 14 s. et *supra*, pp. 66, 73 et 99.

[2] Cf. WILAMOWITZ, *Eurip. Hippol.*, p. 224, n 1. MAASS, *Aratea,*
(*Philol. Unters.*, XII), pp. 343 ss. Cf. *supra*, pp. 117 s.

[3] SUIDAS, s. v. Ἐπιμενίδης.

prêtre crétois, un ouvrage où il était vraisemblablement
question des mystères célébrés au mont Ida en l'honneur
de Zeus [1].

8. Les Oracles.

De même que le poème des *Purifications* a dû grandir
le rôle de purificateur qu'Épiménide avait réellement
rempli, de même les oracles qui circulèrent à Athènes
vers l'an 500 avant J.-C. permirent aux écrivains postérieurs de mettre le prophète en rapport avec des événements qu'il n'avait pas connus et d'enrichir sa légende de
nouveaux détails. Épiménide avait fait des prédictions;
mais elles étaient beaucoup moins précises qu'elles
n'apparaissent chez les auteurs. Les oracles authentiques
dont on avait conservé la légende furent consignés
dans un recueil à l'époque des Pisistratides, et on y
inséra sans peine des prédictions dont Épiménide ne
pouvait être l'auteur. Nous avons vu comment Onomacrite fit admettre comme authentiques ses supercheries
littéraires en cette matière [2]. Les cercles orphiques
possédaient des recueils de ce genre attribués aux
anciens thaumaturges, à Orphée, à Musée, à Bakis, à
Épiménide et au scythe Abaris [3]. Des chresmologues
errants interprétaient ces oracles souvent obscurs et y
rattachaient leurs propres prédictions.

Aristote a peut-être connu le recueil d'Épiménide. Il
dit, en effet, que les oracles du prophète crétois s'appli-
quaient plutôt au passé qu'à l'avenir et il cite dans la

---

[1] Diogène Laërce, VIII, 3 et *supra*, p. 66 n. 4.
[2] Voir surtout *supra*, pp. 45 ss. et pp. 103 ss.
[3] E. Meyer, *Gesch. d. Altert.*, II, § 459.

Politique le mot ὁμόκαπος qui paraît être tiré de ce recueil [1].

9. HISTOIRE DES TELCHINES.

Nous devons à Athénée [2] le titre d'un ouvrage que certains auteurs attribuaient à Épiménide de Crète : c'est une histoire des Telchines, les plus anciens habitants de la Crète ou de l'île de Rhodes, selon les diverses traditions anciennes.

Athénée est très peu catégorique dans la désignation de l'auteur de ce traité. Il ajoute que Telekleïdes ou quelque autre historien pourrait l'avoir composé. Cette incertitude remonte vraisemblablement jusqu'à la période alexandrine, époque où les critiques cherchent à établir la paternité des ouvrages des siècles antérieurs. Le mot ἱστορία qui figure dans le titre, nous interdit d'attribuer le traité à Épiménide de Crète, parce que l'emploi de ce terme n'est pas antérieur au Vᵉ siècle dans la littérature [3].

Il est également douteux qu'on puisse lui donner pour auteur le poète comique Telekleïdès. Si l'on songe que les Telchines passaient pour les plus anciens habitant de l'île de Rhodes [4], il paraîtra plus vraisemblable d'attribuer cette histoire à l'auteur qui figure dans la liste des homonymes d'Épiménide (Diogène Laërce I,

[1] ARISTOTE, *Politique* I, 1, 6. Ἡ μὲν οὖν εἰς πᾶσαν ἡμέραν συνεστηκυῖα κοινωνία κατὰ φύσιν οἶκός ἐστιν, οὓς Χαρώνδας μὲν καλεῖ ὁμοσιπύους, Ἐπιμενίδης δὲ ὁ Κρὴς ὁμοκάπους. Cf. HILLER, *l. c.*, p. 518 n. 3.

[2] ATHÉNÉE, VII, p. 282 E.

[3] LOBECK, *Aglaophamos*, p. 1183.

[4] HŒCK, *Kreta*, I, pp. 348 ss.

115) sous le nom de ὁ Δωρίδι γεγραφὼς περὶ Ῥόδου, à moins que l'existence de cet ouvrage apocryphe n'ait fait supposer l'existence d'un Épiménide homonyme, hypothèse également possible.

10. LETTRES A SOLON.

L'antiquité connaissait enfin sous le nom d'Épiménide deux lettres adressées au législateur Solon [1]. La première, qui ne nous a pas été conservée, traitait de la constitution de Minos, faisant sans doute double emploi avec le traité sur la constitution crétoise. Démétrios de Magnésie en avait démontré le caractère apocryphe grâce au dialecte. La réfutation très aisée d'ailleurs avait été faite dès la publication de la lettre. Sinon on ne s'expliquerait guère qu'un écrit en nouve attique ait pu rester longtemps attribué à un personnage crétois du VIIᵉ siècle avant notre ère.

Cet insuccès servit peut-être de leçon à l'auteur de la seconde lettre, écrite en dialecte crétois. Il y était question d'événements que le purificateur n'avait pu connaître de sorte que l'inauthenticité n'en est pas discutable [2]. Épiménide exhortait son ami Solon à prendre courage, dans l'assurance que la tyrannie de Pisistrate ne pouvait se perpétuer, et il l'invitait à venir le rejoindre en Crète où il serait en sécurité. Le contenu de cette missive est conforme au caractère général de la correspondance des Sept Sages conservée chez Diogène Laërce [3]. Le thème habituel des lettres, où apparaît le nom du législateur

[1] DIOGÈNE LAËRCE, I. 112 s.
[2] Cf. supra, p. 26.
[3] Cf. SUSEMIHL. Gesch. d. gr. Litt. in der Alex. Zeit, II, p. 596.

athénien, est la crainte que la tyrannie de Pisistrate lui aurait inspirée[1]. On y remarque aussi que Solon est invité à quitter Athènes pour aller rejoindre son correspondant, soit à Milet, soit en Crète. La répétition de ces données dans les différentes lettres dénote un seul et même auteur dont l'ouvrage a été mis à profit par Diogène Laërce ou par sa source. Cobet suppose que Théopompe était ce faussaire[2]. Nous croyons qu'elles sont d'origine plus récente encore et qu'elles pourraient être des exercices d'école fort à la mode à l'époque alexandrine.

En résumé, nous ne possédons aucun fragment d'ouvrage que l'on puisse attribuer avec certitude à Épiménide de Crète. La plupart des fragments connus sont évidemment apocryphes. Quelques-uns peuvent avoir été, en partie du moins, l'œuvre du prêtre crétois.

APPENDICE

Les Homonymes d'Épiménide

La question des ouvrages d'Épiménide est intimement liée à l'existence de personnages homonymes. Le témoignage de Démétrios de Magnésie ne suffit pas pour admettre qu'il en ait existé deux, l'un, auteur de *Généalogies* (ὁ γενεαλόγος), l'autre, auteur d'un traité sur

---

[1] DIOGÈNE LAËRCE, I, 44, 53 s., 64 ss.

[2] COBET, dans *Mnemosyne*, t. VI (nouv. série), seconde partie, pp. 139 ss. — Denys d'Halicarnasse (Reiske, VI, p. 782) rapporte que Théopompe avait écrit des lettres en style archaïque (ἐπιστολὰς ἀρχαϊκὰς γραφομένας). Cf. VON LEUTSCH, *Die Sprüche der sieben Weisen*, dans le *Philologus*, XXX (1870), pp. 132 ss.

Rhodes, écrit en dialecte dorien [1] (ὁ Δωρίδι γεγραφὼς περὶ Ῥόδου).

Sans doute parmi les ouvrages qui portent le nom d'Épiménide plusieurs conviennent mieux à un historien de date postérieure qu'au purificateur crétois lui-même. Mais ces personnages, sur la vie desquels l'antiquité ne nous a conservé d'autre détail que leur prétendue activité littéraire, ont peut-être été inventés pour qu'on pût leur attribuer des écrits que les critiques anciens déniaient déjà à bon droit au Crétois Épiménide. L'existence de *Généalogies* attribuées originairement à Épiménide de Crète a occasionné la fiction d'un autre Épiménide, auteur de *Généalogies* de même qu'à la suite d'une histoire apocryphe de Rhodes, attribuée au purificateur d'Athènes, on a admis l'existence d'un Épiménide *"ayant écrit en dorien sur Rhodes"*.

Sans compter l'Épiménide Βουζύγης qui fut plus tard mis en rapport avec le personnage crétois [2], nous retrouvons encore le nom d'Épiménide cité dans deux inscriptions de l'Attique [3]; mais ces personnages ne nous sont pas autrement connus.

[1] DIOGÈNE LAËRCE, I, 115. Cf. SCHEURLEER, *De Demetrio Magnete*, pp. 72 s. et *supra*, p. 85 n. 3.

[2] Cf. *supra* p. 112.

[3] C. I. A , III, 1232 ; *ibid.*, 1703.

CONCLUSION

Si l'on n'envisageait que les détails légendaires de sa biographie, on n'hésiterait pas à regarder Épiménide comme un personnage mythique qui, grâce à son sommeil de cinquante-sept ans, à sa longévité extraordinaire et à ses multiples résurrections, jouit de la faculté de reparaître à différentes époques. Le caractère fabuleux de ces données ne nous autorise cependant pas à rejeter la réalité d'autres faits de son histoire. La fiction du sommeil d'Épiménide et de ses résurrections a vraisemblablement figuré dans un écrit apocryphe de la fin du VIᵉ siècle avant J.-C. Mais pour attribuer ce traité à Épiménide de Crète et pour y introduire cette fiction, il fallait que le personnage eût jadis existé. C'est ce que nous prouve d'ailleurs le témoignage de Xénophane de Colophon.

En résumé, de la vie d'Épiménide un seul fait est absolument certain : c'est son arrivée à Athènes vers l'an 625 avant notre ère; il purifia alors la ville du sacrilège cylonien. Cette intervention ne fut guère efficace, parce que l'état de malaise de la cité athénienne était plutôt dû à des causes économiques qu'à des craintes religieuses. En second lieu, on peut citer comme vraisemblable le séjour d'Épiménide à Sparte et dans d'autres villes de la Grèce.

C'est par erreur que les biographes anciens ont mis en rapport Solon et le purificateur crétois.

Évidemment légendaires sont les détails relatifs au sommeil de cinquante-sept ans, aux résurrections et à l'ascétisme extraordinaire d'Épiménide; ils sont pour la plupart les fruits de l'invention des auteurs orphiques et pythagoriciens qui tentèrent d'interpréter et d'agrandir le rôle du devin et du thaumaturge. Ces écrivains se servirent aussi de son nom pour répandre leurs doctrines avec quelque chance de succès.

L'analyse des traditions anciennes nous a amené à rejeter la réalité de plusieurs données que certains auteurs considèrent comme historiques. Quelques points restent peut-être encore obscurs. Il était néanmoins intéressant d'examiner les fictions qui se sont formées autour du nom d'Épiménide et d'essayer d'en expliquer l'origine. On refait ainsi un chapitre de la pensée grecque depuis ses origines jusqu'à son déclin.

TABLE DES MATIÈRES

MORALS AND LAW IN ANCIENT GREECE

An Arno Press Collection

Apffel, Helmut. **Die Verfassungsdebatte Bei Herodot (3,80-82)**, Wuest, Karl, **Politisches Denken Bei Herodot** and Bruns, Ivo, **Frauenemancipation in Athen**. Three vols. in one. 1957/1935/1900

Bevan, Edwyn. **Stoics and Sceptics**. 1913

Bolkestein, Hendrik. **Wohltaetigkeit und Armenpflege im Vorchristlichen Altertum**. 1939

Bolkestein, Johanna Christina. **Hosios En Eusebēs**, and Bolkestein, Hendrik, **Theophrastos' Charakter der Deisidaimonia als Religionsgeschichtliche Urkunde**. Two vols. in one. 1936/1929

Bonner, Robert J. **Evidence in Athenian Courts**, and Harrell, Hansen Carmine, **Public Arbitration in Athenian Law**. Two vols. in one. 1905/1936

Caillemer, Exupère. **Études Sur Les Antiquités Juridiques D'Athènes**. Ten parts in one. 1865-1872

Clerc, Michel. **Les Métèques Athéniens**. 1893

Fustel De Coulanges, [Numa Denis]. **Recherches Sur Le Droit De Propriété Chez Les Grecs** *and* **Recherches Sur Le Tirage Au Sort Appliqué À La Nomination Des Archontes Athéniens**. 1891

Croissant, Jeanne. **Aristote et Les Mystères**. 1932

Davidson, William L. **The Stoic Creed**. 1907

Demosthenes. **Demosthenes Against Midias**. With Critical and Explanatory Notes and an Appendix by William Watson Goodwin. 1906

Demosthenes. **Demosthenes on the Crown**. With Critical and Explanatory Notes; An Historical Sketch and Essays by William Watson Goodwin. 1901

Demosthenes. **Demosthenes Against Androtion and Against Timocrates**. With Introductions and English Notes by William Wayte. Second Edition. 1893

Demoulin, Hubert. **Épiménide De Crète**. 1901

Diogenes, Laertius. **La Vie De Pythagore De Diogène Laërce**. Édition Critique Avec Introduction et Commentaire par A[rmand] Delatte. 1922

Dyroff, Adolf. **Die Ethik Der Alten Stoa**. 1897

Egermann, Franz. **Vom Attischen Menschenbild** *and* **Arete und Tragisches Bewusstheit Bei Sophokles und Herodot**. Two vols. in one. [1952]/1957

Erdmann, Walter. **Die Ehe im Alten Griechenland**. 1934

Ferguson, John. **Moral Values in the Ancient World**. 1958

Forman, Ludovico Leaming. **Index Andocideus, Lycurgeus, Dinarcheus** *and* Preuss, Siegmund, **Index Aeschineus**. Two vols. in one. 1897/1896

Gernet, Louis. **Droit et Société Dans La Grèce Ancienne**. 1955

Gigante, Marcello. **Nomos Basileus**. 1956

Glotz, Gustave. **L'Ordalie Dans La Grèce Primitive**. 1904

Guiraud, Paul. **La Propriété Foncière En Grèce Jusqu'à La Conquête Romaine**. 1893

Haussoullier, B[ernard]. **La Vie Municipale En Attique**. 1883

Hemelrijk, Jacob. **Penia en Ploutos**. 1925

Hirzel, Rudolf. **Agraphos Nomos**, and Marg, Walter, **Der Charakter in Der Sprache Der Fruehgriechischen Dichtung**. Two vols. in one. 1900/1938

Hirzel, Rudolf. **Der Eid**: Ein Beitrag Zu Seiner Geschichte. 1902

Hitzig, Hermann Ferdinand. **Das Griechische Pfandrecht**. 1895

Hruza, Ernst. **Die Ehebegruendung Nach Attischem Rechte** *and* **Polygamie und Pellikat Nach Griechischem Rechte**. Two vols. in one. 1892/1894

Jost, Karl. **Das Beispiel Und Vorbild Der Vorfahren**. 1935

Kohler, Josef and Erich Ziebarth. **Das Stadtrecht Von Gortyn Und Seine Beziehungen Zum Gemeingriechischen Rechte**. 1912

Koestler, Rudolf. **Homerisches Recht** and Vos, Harm, **Themis**. Two vols. in one. 1950/1956

Kunsemueller, Otto. **Die Herkunft Der Platonischen Kardinaltugenden** and Wankel, Hermann, **Kalos Kai Agathos**. Two vols. in one. 1935/1961

Leisi, Ernst. **Der Zeuge Im Attischen Recht** and Schlesinger, Eilhard, **Die Griechische Asylie**. Two vols. in one. 1908/1933

Lotze, Detlef. **Metaxy Eleutherōn Kai Doulōn** and Hampl, Franz, **Die Lakedaemonischen Perioeken**. Two vols. in one. 1959/1937

Lofberg, John Oscar. **Sycophancy in Athens** and Barkan, Irving, **Capital Punishment in Ancient Athens** (Doctoral Dissertation, The University of Chicago, 1935). Two vols. in one. 1917/1935

Martin, Victor. **La Vie Internationale Dans La Grèce Des Cités**. 1940

Maschke, Richard. **Die Willenslehre Im Griechischen Recht**. 1926

Meier, Moritz Hermann Eduard and Georg Friedrich Schoemann. **Der Attische Process**, 1824

Menzel, Adolf. **Hellenika**: Gesammelte Kleine Schriften. 1938

Minar, Edwin L., Jr. **Early Pythagorean Politics in Practice and Theory**. 1942

Oliver, James H.. **Demokratia, The Gods, and The Free World**. 1960

Phillipson, Coleman. **The International Law and Custom of Ancient Greece and Rome**. Volume I. 1911

Pickard-Cambridge, A[rthur] W[allace]. **Demosthenes and the Last Days of Greek Freedom, 384-322 B.C.** 1914

Pringsheim, Fritz. **Der Kauf Mit Fremdem Geld**. 1916

Robinson, David M. and Edward J. Fluck. **A Study of the Greek Love-Names**. 1937

Romilly, Jacqueline De. **Thucydides and Athenian Imperialism**. Translated by Philip Thody. 1963

Schaefer, Arnold. **Demosthenes Und Seine Zeit**. Three vols. 1856/1856/1858

Schodorf, Konrad. **Beitraege Zur Genaueren Kenntnis Der Attischen Gerichtssprache Aus Den Zehn Rednern** and Demisch, Edwin, **Die Schuldenerbfolge Im Attischen Recht**. Two vols. in one. 1904/1910

Schulthess, Otto. **Vormundschaft Nach Attischem Recht**. 1886

[Shellens], Max Salomon. **Der Begriff Der Gerechtigkeit Bei Aristoteles**. 1937

Szanto, Emil. **Das Griechische Buergerrecht**. 1892

Toutain, Jules. **The Economic Life of the Ancient World**. Translated by M. R. Dobie. 1930

Voegelin, Walter. **Die Diabole Bei Lysias**. 1943

Vollgraff, [Carl] W[ilhelm]. **L'Oraison Funèbre De Gorgias**. 1952